Kohlhammer

Grundkurs Geschichte

Altertum
Europäisches Mittelalter
Frühe Neuzeit
Das 19. Jahrhundert
Das 20. Jahrhundert
Methoden und Theorien

Jörg Schwarz

Das europäische Mittelalter I
Grundstrukturen – Völkerwanderung – Frankenreich

Grundkurs Geschichte
Hg. von Michael Erbe

Verlag W. Kohlhammer

Umschlag: Oben: Goldene Adlerfibel aus dem
Schatz von Domagnano (Republik San Marino).
Unten: Bild zu den Pfingstlesungen aus dem
Perikopenbuch Heinrich II. um 1000 (Ausschnitt).

Alle Rechte vorbehalten
© 2006 W. Kohlhammer GmbH Stuttgart
Umschlag: Data Images GmbH
Gesamtherstellung:
W. Kohlhammer Druckerei GmbH + Co. KG, Stuttgart
Printed in Germany

ISBN 978-3-17-018972-0

Inhaltsverzeichnis

Vorwort des Herausgebers 7

Abbildungsnachweis 8

Einleitung: Das europäische Mittelalter 9

I	**Grundstrukturen des Lebens im Mittelalter**	14
1	Das Leben auf dem Land und in der Landwirtschaft	14
2	Das Leben im Kloster und die Welt der mittelalterlichen Orden	22
3	Das Rittertum	30
4	Die mittelalterliche Stadt	34
5	Schule und Universität	42
6	Das Leben als Außenseiter	50
6.1	Aussätzige, Bettler, Ausübende unehrlicher Berufe	50
6.2	Die Juden	54
II	**Die Völkerwanderung (375–ca. 600)**	60
1	Die Goten	60
1.1	Die Westgoten	62
1.1.1	Das tolosanische Westgotenreich	66
1.1.2	Das toledanische Westgotenreich	68
1.2	Die Ostgoten	72
2	Vandalen, Sueben und Alanen	76
3	Die Burgunder	82
4	Die Angelsachsen	84
5	Die Langobarden	88

III	**Das Frankenreich (ca. 500–911)**...........	92
1	Die Formierung des Reiches unter den Merowingern ...	92
2	Der Aufstieg der Karolinger bis zu Karl dem Großen....	96
3	Die Epoche Karls des Großen.....................	98
4	Der Zerfall des Frankenreichs....................	108

Schluss und Ausblick........................... 120

Stammtafel: Karolinger............................ 125

Weiterführende Literatur.......................... 126

Quellenverzeichnis............................... 129

Zeittafel.. 131

Vorwort des Herausgebers

Aus praktischen Erwägungen ist der für das europäische Mittelalter vorgesehene Band der Reihe „Grundkurs Geschichte" in zwei Teilbände aufgeteilt worden. Der erste behandelt die Grundstrukturen sowie die Grundlagen des Mittelalters, nämlich die Reichsbildungen der Völkerwanderungszeit bis zum Frankenreich, das man als eigentliche Keimzelle der Entwicklung unseres Kontinents bis in die Frühmoderne hinein bezeichnen kann. Hierbei kommt auch die Auflösung des römischen Reiches neu ins Bild; denn dessen Vermächtnis in Form der christlichen, auf Rom hin orientierten Kirche und der von ihr bewahrten lateinischen Wissenschafts- und Literatursprache war für das Mittelalter prägend, während das oströmische/ byzantinische Reich im Bewusstsein der Europäer immer mehr in eine Randlage geriet. Der zweite Teilband behandelt die Geschichte des deutschen Königreichs sowie des „römisch-deutschen" Reiches, d. h. die sog. mittelalterliche Kaisergeschichte, sowie – etwas kürzer – die Entwicklung der übrigen Länder vorwiegend des europäischen Abendlands.

Auch dieser Teil des „Grundkurses" richtet sich bewusst an Studienanfänger, die nur ein rudimentäres Wissen über die älteren Epochen haben. Sie wendet sich aber auch an diejenigen, die für das Abschlussexamen ihre Grundkenntnisse auffrischen wollen. Wiederholt sei, dass es sich hier nicht um ein wissenschaftliches Handbuch handelt, sondern dass die Beschäftigung mit dem aufbereiteten Stoff die Lektüre von Handbüchern erleichtern soll. Dem dienen die bereits im Band über das Altertum praktizierte Darstellungsweise und Stoffgliederung mit möglichst anschaulich erzähltem Text auf der jeweils linken und dessen Illustration durch Begriffserläuterungen, Quellenauszüge, Bilder und Karten auf der gegenüberliegenden Seite.

Die Konzeption auch dieser Teilbände des Grundkurses beruht auf mehrjährigen Erfahrungen des Verfassers bei der Abhaltung propädeutischer Lehrveranstaltungen im Rahmen der neuen, an der Universität Mannheim bereits seit 2000 bestehenden neuen „gestuften" Studiengänge, insbesondere des vor zwei Jahren eingerichteten Studiengangs „Geschichte: Kultur – Gesellschaft – Wirtschaft" mit dem Abschluss *Bachelor of Arts*.

Mannheim, im Herbst 2006   Michael Erbe

Abbildungsnachweis

Abbildungen

Umschlag:
Oben: Ediciones Encuentro (Isabel Vals)
Unten: Bayerische Staatsbibliothek München

Abb. **1** (Bayerische Staatsbibliothek München), **2** (British Library London), **3** (Aus: Horst Cramer/Manfred Koob, Cluny, Architektur als Vision, Edition Braus, Heidelberg, 1993), **4** (Eva Sybille Rösch, Münster), **5** (Historisches Museum der Pfalz, Speyer), **6** (Staatsarchiv Nürnberg), **7** (Historisches Archiv der Stadt Köln), **8** (Schedelsche Weltchronik 1493, Deutsche Bücherei Leipzig), **9** (Bildarchiv preußischer Kulturbesitz), **10** (Privat), **11** (Archiv für Kunst und Geschichte, Berlin), **12** (Codex Vaticanus Barberinus latinus 2062, Vatikanische Bibliothek, Rom), **13, 14** (Aus: Hans K. Schulze, Vom Reich der Franken zum Land der Deutschen, Siedler Verlag, Berlin 1987).

Karten

Karte 1 (Aus: Georges Duby, St. Bernard, l'Art Cistercien, Editions Flammarion, Paris 1989), **2, 3, 4, 5, 6, 7, 8, 9** (Peter Palm, Berlin).

Wir haben uns bemüht, bei allen Abbildungen und Karten die Rechtsinhaber ausfindig zu machen. Wo uns das nicht gelungen ist, sind wir für weiterführende Hinweise dankbar.

Einleitung: Das europäische Mittelalter

Als „Mittelalter" wird nach breiter Übereinkunft der Historiker zumeist das Jahrtausend zwischen etwa 500 und etwa 1500 bezeichnet. Als „Europa" begreifen die Geographen die durch Buchten und vorgelagerte Inseln nach außen sowie durch Hoch- und Mittelgebirge, Stromtäler und Tiefebenen nach innen reich differenzierte Landmasse, die vom Atlantischen Ozean im Westen bis zum Uralgebirge im Osten, vom Eismeer im Norden bis an die Küstenlinien Afrikas im Süden reicht. Dennoch bedürfen die Begriffe „Mittelalter" und „Europa" (ebenso wie die Zusammensetzung „europäisches Mittelalter") einer Erklärung. Denn keiner der beiden Bestandteile des Titels dieses Buches ist den Menschen des Mittelalters geläufig, weder der Begriff „europäisch", noch „Mittelalter".

Zunächst zum Begriff „Mittelalter": Seine Entstehung führt zurück in das Italien zur Zeit der Renaissance. Nach Anfängen im frühen 14. Jh., die vor allem mit der Gestalt des in der Stadt Arezzo geborenen Dichters Francesco Petrarca (1303–1374) verknüpft sind, entwickelt sich im 14. und 15. Jh. auf der Apenninenhalbinsel ein neues kulturelles Selbstverständnis, das sich als „Renaissance", als „Wiedergeburt der Antike" (ital. *rinascita*) begreift. Die Renaissance ist eine mächtige Geistesbewegung, wenn man so will: das vorläufig letzte Glied in einer jahrhundertelangen Expansionsbewegung von Bildung und Bildungsvorrechten. Sie greift, von ihrem Herkunftsland Italien, allmählich auch auf andere Länder Europas aus. Getragen wird sie von der intellektuellen Gruppe der „Humanisten". Während der Begriff „Humanismus" erst aus dem 19. Jh. stammt, bezeichnet die Etikettierung „Humanist" bereits seit dem 15. Jh. den Lehrer und Studenten der „studia humanitatis", worunter der Kreis der Fächer Grammatik, Rhetorik, Geschichte, Poesie und Moralphilosophie verstanden wird; eine Gruppe von Disziplinen, die von den alten „Sieben freien Künsten" (siehe hierzu S. 43) gar nicht oder nur in anderer Weise abgedeckt wird. In ihrer Verehrung vor allem der literarischen Hinterlassenschaften des alten Griechenland und des alten Rom wollen die Humanisten so intensiv wie möglich an die antike Kultur wieder anknüpfen und einen klaren Trennungsstrich zu der bisherigen Zeit ziehen. Um die hinter ihnen liegenden Jahrhunderte seit dem Ausgang der Antike mit einem möglichst nichtssagenden, ja abwertenden Ausdruck zu versehen, nennen sie diese Zeit das „mittlere Zeitalter" also: „Mittelalter". In diesem Prozess, in dem bereits Petrarca im 14. Jh. das Schlagwort „mittlere Zeit" (*medium tempus*) gebraucht hat, sind es vor allem Leonardo Bruni († 1444) und Giovanni Andrea di Bussi († 1469), die diesem Begriff seine vollgültige Ausprägung verleihen (*media aetas, media tempestas*). Bruni und Bussi stammen beide aus der Stadt Florenz, die auf eine ganz besondere Weise ein Zentrum, ja eine Art Hauptstadt der Renaissance darstellt. In den patriotischen Geschichtswerken, die sie über ihre Vaterstadt schreiben, taucht der Begriff „Mittelalter" in einer klar umrissenen Form auf.

Nach dieser ‚Erfindung' des Begriffs „Mittelalter" durch die Humanisten dauert es noch eine ganze Weile, bis sich diese Bezeichnung als echter Epochenbegriff bei den Historikern durchsetzt. Die Veröffentlichung und Verbreitung eines dreibändigen Geschichtswerkes des Hallenser Professors der „Beredsamkeit und der Geschichte" Christoph Cellarius (1638–1707) ist hierbei der wichtigste Etappenpunkt. Aufgeteilt in einen 1685 erscheinenden Teilband über die Antike („Historia antiqua"), einen 1696 publizierten Band über die Neuzeit („Historia nova"), widmet sich der 1688 veröffentlichte Band der „Historia medii aevii", also dem Mittelalter. Cellarius begreift darunter die Zeit zwischen dem Tod Kaiser Konstantins des Großen (337) und der Eroberung Konstantinopels durch die Türken (1453). Trotz vieler Kritik und vieler Verbesserungsvorschläge, die es im Laufe der Zeit geben wird, hat sich die Epochenbezeichnung „Mittelalter" für die Abläufe der europäischen Geschichte der Zeit von etwa 500 bis 1500 gehalten.

Die Menschen des Mittelalters wissen also nicht, dass sie in einer Epoche namens „Mittelalter" leben. Wenn sie zu den Gebildeten zählen und sich überhaupt Gedanken machen über die Einteilungsmöglichkeiten der Vergangenheit, dann orientieren sie sich gerne an Modellen, die in der Spätantike von den Kirchenvätern Augustinus († 430) und Hieronymus († 420) geschaffen worden sind: Das Geschichtsmodell des Augustinus ist die sog. „Sechsweltzeitalterlehre". Augustinus verschmilzt darin die biblisch-christliche Geschichte mit den Lebensstufen des Menschen, so wie sie sich die Antike vorgestellt hat. Das erste der sechs Weltzeitalter in diesem Modell des Augustinus reicht dabei von Adam, also der Erschaffung der Welt, bis zur Sintflut; es entspricht in den Lebensstufen dem „Säuglingszeitalter" (*infantia*). Das zweite reicht von der Sintflut bis zu Abraham, dem legendären Stammvater des Volkes Israel; es entspricht der „Kindheit" (*pueritia*). Das dritte erstreckt sich von Abraham bis zu König David († 965 v. Chr.) und ist mit der frühen Jugend gleichzusetzen (*adolescentia*). Das vierte deckt den Zeitraum von König David bis zur sog. babylonischen Gefangenschaft (587 v. Chr.–539 v. Chr.) ab und korrespondiert mit dem Begriff der „späteren Jugend" (*iuventus*). Das vorletzte der sechs Weltzeitalter ist die *gravitas*, die „Höhe des Lebens"; sie reicht vom babylonischen Exil bis zu Christi Geburt. Hier beginnt – für Augustinus und alle, die ihm nachfolgen – das letzte noch anhaltende Zeitalter dieser Vorstellungswelt. Es dauert an bis zum „Jüngsten Gericht", dem Weltende; es ist das „Greisenzeitalter" (*senectus*).

Unter Rückgriff auf eine Erzählung des Propheten Daniel des Alten Testaments (2,32 und 7,1) konstruiert der Kirchenvater Hieronymus die „Vierweltreichslehre". Die Weltgeschichte – so Hieronymus – werde bestimmt durch die fortlaufende Existenz von Weltreichen, die einander ablösen. Auf das Reich der Babylonier sei das der Meder-Perser, auf dieses das der Griechen (also das Alexanders des Großen) und auf das der Griechen wiederum das der Römer gefolgt. Für die Aufnahme dieser Vorstellungen im Mittelalter ergibt sich das Problem, dass das römische Reich im Westen 476 erloschen ist – im Unterschied zum Osten, wo es in Gestalt des byzantinischen Reiches mit seiner Hauptstadt Konstantinopel bis 1453 fortbesteht. Um diesen ‚Mangel' aufzuheben, erfindet man die Idee von einer „Translatio Imperii", also einer Übertragung des (römischen) Kaisertums: Nach dem Ende des römischen Reiches im Westen sei das Kaisertum auf den (byzantinischen) Osten, von dort auf die Franken und von diesen wiederum auf die Deutschen übertragen worden. Tatsächlich haben diese Vorgänge – in diesem Buch wird davon mehrfach die Rede sein – reale Entsprechungen. Nur dass es sich dabei immer wieder um ein und dasselbe „römische" Reich gehandelt haben soll, ist selbstverständlich ein Konstrukt.

Die beiden Eckdaten, mit denen das Mittelalter am häufigsten umgrenzt wird – 500 und 1500 –, beziehen sich selbstverständlich nicht auf reale Ereignisse dieser Jahre, sondern besitzen eher einen symbolischen Wert; sie wollen zum Ausdruck bringen, dass sich in ihrem jeweiligen Umfeld zahlreiche Ereignisse finden lassen, die für einen Umschwung der Zeiten stehen können – allen Kontinuitäten zum Trotz. Für das Ende der Antike und den Beginn des Mittelalters sind dies etwa die Einführung des Christentums im römischen Reich als Staatsreligion 391; die Teilung des römischen Reiches in ein West- und ein Ostreich 395; die

Eroberung Roms durch die Westgoten 410; die Absetzung des letzten weströmischen Kaisers 476; die Taufe des Frankenkönigs Chlodwig um 500; die Schließung der platonischen Akademie in Athen und die Gründung des Klosters Montecassino 529. Für das Ende des Mittelalters und den Beginn der Neuzeit stehen etwa die Erfindung des Buchdrucks mit beweglichen Lettern um 1450; die Eroberung Konstantinopels durch die Türken 1453; die Entdeckung Amerikas durch Christoph Kolumbus 1492; der Beginn der Reformation 1517; die erste Weltumsegelung durch die Flotte Magellans 1519–1521. Wichtig für eine angemessene Einschätzung dieser Ereignisse ist zum einen, dass die Veränderungen, die sie bewirken, zum Teil sehr unterschiedlicher Natur sind; zum anderen treten sie in den verschiedenen Regionen Europas mit erheblichen zeitlichen Unterschieden auf. Die „Ungleichzeitigkeit des Gleichzeitigen" ist – hier wie bei allen anderen Epochenbestimmungen auch – ein gravierendes Problem. Das gilt auch für die sog. Binnengliederung des Mittelalters in ein Früh- (bis ins 11. Jh.), ein Hoch- (bis ca. 1300) und ein Spätmittelalter (bis ca. 1500).

Ebenso wenig wie die Menschen des Mittelalters den Begriff „Mittelalter" kennen, ebenso wenig ist für sie der Begriff „Europa" eine feste Größe. Zwar taucht der Begriff hin und wieder auf, wenn etwa Kaiser Karl der Große als „Vater Europas" oder als „Leuchtturm Europas" besungen wird. Doch wenn die Historiker des Mittelalters Geschichte in größeren Zusammenhängen erzählen, wenn die Geographen ihre Karten zeichnen, dann ist deren leitende Kategorie nicht der nach der phönizischen Königstochter benannte Kontinent, sondern immer die Welt, die *ganze* Welt, bestehend aus den drei Kontinenten Europa, Asien und Africa. Auf der anderen Seite ist ein Begriff wie „das europäische Mittelalter" fast ein weißer Schimmel, ist es doch klar, dass „Mittelalter" als Teil des Antike und Neuzeit umfassenden Dreigliederungsschemas keine universalhistorische, sondern lediglich eine die europäische Geschichte umfassende Größe sein kann. Wenn die Begriffskombination hier dennoch verwendet wird, dann deshalb, weil zum Ausdruck kommen soll, dass hier die gesamte europäische Geschichte ins Auge gefasst wird.

Letzteres berührt die Intention des gesamten Bandes als Teil einer Reihe. Vornehmlich anhand der politischen Ereignisgeschichte will der vorliegende Band die großen Entwicklungslinien des europäischen Mittelalters aufzeigen. Der Band will *kein* Kompendium für das Mittelalter als Ganzes sein; er richtet sich vornehmlich aus an den Bedürfnissen von Studienanfängern in den sog. Propädeutikumsveranstaltungen. Gemäß dieser

Ausrichtung wird – nach einem Überblick über die Grundordnungen des Lebens im Mittelalter, nach Ausführungen über die Völkerwanderungszeit sowie über das Frankenreich – die deutsche Geschichte, die unter den Nationalgeschichten im Rahmen der Propädeutika im Mittelpunkt steht, bewusst ausführlicher behandelt. Angesichts der vielen Schnittstellen zur Geschichte benachbarter Länder und Reiche sowie ihrer besonderen Verflechtung mit der Geschichte des mittelalterlichen Papsttums soll indessen auch sie in einem dezidiert europäischen Rahmen gesehen werden. Daran schließt sich – blockartig zusammengefasst, aber dennoch in sich selbstständig – die Darstellung wesentlicher Grundzüge in der Entwicklung anderer Nationen und Räume der Geschichte Europas im Mittelalter an.

I Grundstrukturen des Lebens im Mittelalter

1 Das Leben auf dem Land und in der Landwirtschaft

Das Leben auf dem Land und in der Landwirtschaft ist im Europa des Mittelalters die am weitesten verbreitete Lebensform. Auch wenn sich hier im Laufe der Zeit manches verändert und die Städte immer wichtiger und größer werden – im Mittelalter leben insgesamt gesehen viel mehr Menschen auf dem Land als in der Stadt. Und in einer Welt, die lange vor der Industrialisierung liegt, ist die Landwirtschaft der bedeutendste Wirtschaftszweig überhaupt. Kein anderer Wirtschaftssektor kann mit ihr konkurrieren. Sie versorgt und beliefert auch die Stadt, die somit auf vielfältige Weise mit dem Land, das sie umgibt, verbunden ist. Das Land und die Landwirtschaft prägen und beeinflussen das Denken, Fühlen und Handeln der meisten Menschen im Mittelalter mehr als alles andere.

Der Begriff „Bauer" ist für das Mittelalter schwierig, denn er kann ganz Verschiedenes bedeuten, einen Herrn ebenso wie einen Abhängigen; es ist von daher besser, zunächst allgemein vom „bäuerlichen Leben" zu reden. Dieses bäuerliche Leben hat vor allem im frühen und hohen Mittelalter seinen festen institutionellen Rahmen im System der Grundherrschaft. „Grundherrschaft" ist kein zeitgenössischer, aus dem Mittelalter selbst stammender Begriff, er ist eine Wortschöpfung moderner Historiker. Sie kommt bereits sehr früh im Mittelalter auf; schon um 600 ist sie in einigen Teilen des Frankenreichs, das um diese Zeit seinen Schwerpunkt im heutigen Nordfrankreich und den Beneluxstaaten besitzt, festzustellen. In den königlichen Domänen, d.h. Besitzungen der Merowinger – der Familie die das Frankenreich formt –, taucht sie dort erstmals auf. Eines ihrer Vorbilder besitzt die mittelalterliche Grundwirtschaft höchstwahrscheinlich in der antiken Landwirtschaft. Vor allem in der Spätantike (3.–6. Jh.) hat es im römischen Reich große Landgüter gegeben, auf denen eine Schutzherrschaft (*patrocinium*) des Herrn über die von ihm abhängigen und an seine Scholle gebundenen Bauern, den Kolonen, existierte. Die entscheidenden Elemente der Grundherrschaft sind jedoch nicht antik, sondern mittelalterlich, und insofern neu. Sie beruht auf einer Einteilung des Landes in ein Sal- oder Herrenland einerseits und in ein Leihe- oder Hufenland

Abb. 1: **Das sich im Rhythmus fester jahreszeitlicher Tätigkeiten vollziehende bäuerliche Leben prägt das Alltagsleben der Menschen im Mittelalter wie nichts sonst.** In dieser ältesten Darstellung der bäuerlichen Monatsarbeiten, die aus der Karolingerzeit stammt (9. Jh.), sind es jeweils einzelne Personen, welche die Arbeiten, die im Jahreskreis anfallen, verrichten. Spätere Bilder werden Menschen in Gruppenarbeit zeigen.

andererseits sowie auf den Diensten, welche die mit dem Land beliehenen Bauern leisten müssen.

Im Sal- bzw. Herrenland sitzt der Grundherr auf seinem Sal-, Herren- oder Fronhof (*curtis*). Neben dem Bereich, den er selbst mit den Menschen, die an seinem Hof leben, bewirtschaftet – eben dem Sal- oder Herrenland –, gibt es noch einen anderen Bereich. Dieser gehört ihm zwar auch, er gibt ihn jedoch an andere aus, um ihn zu bewirtschaften, das Leihe- oder Hufenland (eine Hufe ist eine bäuerliche Grundeinheit, die von Fall zu Fall verschieden groß sein kann). Diejenigen, die auf diesem Leihe- oder Hufenland sitzen und es bewirtschaften, nennt man Grundholden oder Hintersassen. Dafür, dass sie dieses Land mit sehr weitreichenden Eigentums- und Verfügungsrechten bewirtschaften dürfen, müssen die Grundholden dem Grundherrn Abgaben und Frondienste leisten. Im Gegenzug ist jedoch auch der Grundherr verpflichtet, in Notsituationen seinen Grundholden beizustehen. In nicht wenigen Grundherrschaften ist das Leihe- oder Hufenland noch einmal unterteilt in rechtlich verschiedene Bezirke. Man unterscheidet zwischen „Freienhufen" (*mansi ingenuiles*), „Unfreienhufen" (*mansi serviles*) und „Halbfreienhufen" (*mansi lidiles*).

Das System der Grundherrschaft erweitert sich im Rahmen der Villikationsverfassung (auch dieser Begriff ist nicht zeitgenössisch, sondern ein moderner Ordnungsbegriff). Man versteht darunter, dass einem zentralen Herrenhof, der von einem Grundherrn oder einem Verwalter (*villicus*) geleitet wird, mehrere Fronhöfe zugeordnet sind, die von Grundholden bewirtschaftet werden. Wenn wichtige Arbeiten auf dem Herrenhof anstehen – also besonders bei Aussaat und Ernte – werden die Bauern der Fronhöfe zu Diensten herangezogen. Verfügt ein Grundherr über einen besonders großen Landbesitz, so ist es nicht selten, dass ein mehrstufiges System zur Verwendung kommt: neben dem Hauptherrenhof gibt es dann noch Nebenherrenhöfe, denen ihrerseits Fronhöfe untergeordnet sind. Das Villikationssystem wandelt sich im Laufe des Mittelalters teilweise sehr stark: Immer mehr treten Abgaben an die Stelle der Frondienste. Das System der Grundherrschaft als solches überdauert jedoch das Mittelalter. Östlich der Elbe ist es sogar bis ins 20. Jh. hinein nachweisbar.

Die Erträge in der mittelalterlichen Landwirtschaft sind anfangs (und bleiben aufs Ganze gesehen auf Dauer) eher gering. Es gibt vielfältige Faktoren, die eine gute Ernte beeinträchtigen. Das hat oft katastrophale Folgen, denn sehr schnell können bei Missernten Hungersnöte ausbrechen, die die Menschen dahinraffen oder auch – wie eine erzählende Quelle

Quelle: Eine Grundherrschaft im frühen Mittelalter und ihr Zubehör – eine aus dem Jahr 810 stammende Beschreibung der zum Bistum Augsburg gehörenden Grundherrschaft Staffelsee

Wir fanden dort einen Herrenhof (***curtis et casa dominicata***), der mit den übrigen Gebäuden obengenannter Kirche gehört. Zu der *curtis* gehören 740 Tagwerk Ackerland und Wiesen mit einer Ertragsfähigkeit von 610 Fuder Heu. An Getreide fanden wir nichts außer den 30 Fudern, die wir den Pfründnern gegeben haben; diese, 72 an der Zahl, empfangen Unterhalt bis zum St. Johannesfest. An Malz 12 Scheffel, 1 Pferd, 26 Zugochsen, 20 Kühe, 1 Bulle, 61 Färsen, 5 Kälber, 87 Schafe, 14 Lämmer, 17 Böcke, 58 Ziegen, 12 Zickel, 40 Schweine, 50 Ferkel, 63 Gänse, 50 Hühner, 17 Bienenstöcke, 20 gepökelte Speckseiten, ebenso viele Würste, 27 Pfund Schmalz, 1 geschlachteter und aufgehangener Eber, 40 Käse, ½ Sekel Honig, 2 Sekel Butter, 5 Scheffel Salz, 3 Sekel Seife, eine Bettdecke mit 5 Federkissen, 3 kupferne, 6 eiserne Kessel, 5 Kesselhaken, 1 eiserner Leuchter, 17 mit Eisen gebundene Zuber, 10 große, 17 kleine Sicheln, 7 breite Hacken, 7 Äxte, 10 Bockshäute, 26 Schaffelle, 1 Fischnetz. [...]

Quelle: Missernten in der Landwirtschaft führen zu Hungersnöten und zum Tod – die Schilderung der fränkischen Reichsannalen zum Jahr 820 und 823

In diesem Jahr hatten die anhaltenden Regengüsse und die überaus feuchte Luft große Übel im Gefolge. Unter Mensch und Vieh wütete weit und breit eine Seuche mit solcher Heftigkeit, dass es kaum einen Strich Landes gab im Frankenreich, der von ihr verschont geblieben wäre. Auch das Getreide und das Gemüse gingen bei dem fortwährenden Regen zugrunde und konnte entweder nicht eingeheimst werden oder es verfaulte in den Scheuern. Nicht besser stand es mit dem Wein, der in diesem Jahre einen höchst spärlichen Ertrag gab und dabei noch wegen des Mangels an Wärme herb und sauer wurde. In einigen Gegenden aber war, da das Wasser von den ausgetretenen Flüssen noch in der Ebene stand, die Herbstaussaat ganz unmöglich, so dass vor dem Frühjahr gar kein Korn in den Boden kam. [...].

[...] In Sachsen wurden im Gau Firihsazi [nicht näher bekannt] dreiundzwanzig Dörfer bei Tage und heiterem Himmel vom Blitz getroffen und in Brand gesteckt. In vielen Gegenden wurden die Früchte vom Hagel vernichtet, an etlichen Orten sah man sogar wirkliche Steine von ungemeiner Schwere mit dem Hagel herabfallen. Auch in Häuser schlug der Blitz ein und Menschen und Tiere wurden allenthalben von ihm in ungewöhnlicher Zahl getroffen. Darauf folgte eine schlimme Seuche und ein Menschensterben, das überall im ganzen Frankenreich fürchterlich wütete und eine zahllose Menge Menschen jeden Alters und Geschlechts hinwegraffte.

des 9. Jhs. bezeugt – zum Kannibalismus veranlassen. Es ist in dieser Hinsicht eine kleine Revolution, als gegen Ende des 8. Jhs. die Dreifelder- (oder auch Dreizelgen)wirtschaft aufkommt und sich im Laufe der nächsten Jahrhunderte immer mehr durchsetzt. Unter „Dreifelderwirtschaft" versteht man, dass ein Feld, das insgesamt zur Verfügung steht, in drei Bereiche eingeteilt wird. Auf dem ersten wird dabei Wintergetreide und auf dem zweiten Sommergetreide angebaut. Der dritte Bereich aber bleibt brach; auf ihm baut man nichts an, der Boden kann sich erholen. Sind die Ernten eingeholt, wechselt man die Felder. Der Begriff „kleine Revolution" erscheint durchaus gerechtfertigt, wenn man bedenkt, dass mit Hilfe der Dreifelderwirtschaft ein Bauer seine Erträge um 30–50% steigern kann. Die Dreifelderwirtschaft ist eine Erfindung von „langer Dauer"; bis ins 19. Jh. hinein wird sie in Europa verbreitet sein.

Auch die Arbeitsgeräte werden im Laufe des Mittelalters technisch weiterentwickelt. Die wichtigste Weiterentwicklung besteht hierbei in der weitgehenden Ablösung des Hakenpflugs durch den modernen boden- oder schollenwendenden Pflug. Durch den Hakenpflug, der vom 5.–10. Jh. fast ausschließlich verwendet wird, wird der Boden lediglich locker zerkrümelt, nicht aber – was für den Austausch von Nährstoffen und Erdteilchen unumgänglich ist – tiefer umgewendet. Die Bearbeitung eines Ackers mit dem Hakenpflug ist sehr aufwendig und umständlich, denn um den Boden überhaupt einigermaßen aufzulockern, musste man über Kreuz furchen. Seit dem 11. und 12. Jh. kommt jedoch in Europa immer stärker der schollenwendende Pflug zum Einsatz. Er ist viel größer und schwerer als der Hakenpflug, und schneidet den Boden zunächst mit dem Pflugmesser senkrecht und dann mit der Schar waagrecht auf; die dadurch gewonnene Scholle wird anschließend von einem Streichbrett nach oben gedrückt. Da man jedoch die Saat nicht einfach in die frisch gebrochene Scholle (die dafür in der Regel viel zu glatt ist) einstreuen kann, ist durch den Gebrauch des schollenwendenden Pfluges ein weiterer Arbeitsvorgang notwendig geworden, das Eggen. In ihrer Urform ist die Egge nichts weiter als ein Gerät, das aus zusammengebundenen, gespaltenen Fichtenstämmchen besteht, deren Aststummeln den Boden sanft aufrauen. Später verwendet man dazu ein hölzernes Gerät, das mit kleineren Zacken versehen ist. Es wird von Pferden gezogen, die mit dem Kummet, einem hölzernen, gepolsterten Halsring oder -joch, ausgestattet sind. Trotz aller technischer Neuerungen, die spürbare Verbesserungen bringen: die Gefahr, dass durch Unwetter, Insektenplagen oder anderes die Ernteerträge auf eine drastische

Abb. 2: **Technische Verbesserungen in der Landwirtschaft erhöhen im Laufe des Mittelalters landwirtschaftliche Erträge ganz beträchtlich. Ein gutes Beispiel hierfür ist die weitgehende Ablösung des Hakenpflugs durch den moderneren schollenwendenden Pflug. Beim Hakenpflug wird der Acker oft nur locker zerkrümelt. Beim neuen Pflugtypus hingegen wird mit der „Sech" (einem Pflugmesser, das auf der Abbildung gut zu sehen ist) der Boden zunächst senkrecht, dann mit der „Schar" waagrecht aufgeschnitten; die dadurch gewonnene Scholle drückt ein Streichbrett nach oben. Das Land kann so auf eine ganz andere Weise kultiviert werden; die wertvollen Nährstoffe, die durch den Regen in die unteren Erdschichten gespült worden sind, können so wieder nach oben gelangen und dem Wachstum der Frucht dienen. Die hier zu sehende Abbildung ist im Frankreich des 15. Jhs. entstanden.**

Weise beeinträchtigt werden und die Menschen nicht mehr mit ausreichend Nahrung versorgt werden können, bleibt während des gesamten Mittelalters groß.

Im späten Mittelalter kommt es mehrfach zu Aufständen der Bauern. Fast jedes europäische Land kennt solche Erhebungen. In Frankreich ereignet sich 1320, dann vor allem aber 1358 ein großer Aufstand, die „Jacquerie". Der Begriff leitet sich ab von „Jacques Bonhomme", einem Spottnamen, den die französischen Edelleute den Bauern geben. Die Jacquerie beginnt am 28. Mai 1358 im Beauvaisis mit einem Aufstand der Bauern gegen die Grundherren. Ursache ist die Wut der Bauern, die sie in dem durch die große **Pestepidemie** von 1348 und durch viele Kriege weithin verwüsteten Landstrich auf den Adel haben, der sich ihrer Meinung nach nicht ausreichend um das allgemeine Wohl kümmert. Mit den Bauern verbünden sich in dieser Situation viele Städte, allen voran Paris selbst, weil sie die Gelegenheit gekommen sehen, endlich gegen die Macht des Adels vorzugehen. Doch schon am 10. Juni 1358, als die Hauptmacht der Aufständischen bei Mello geschlagen wird, ist faktisch alles vorbei. Die Sache der Bauern (und mit ihnen die der Städte) ist verloren. Noch über Jahre hinweg werden diejenigen, die an der Jacquerie beteiligt waren, verfolgt. Doch nicht nur in Frankreich, auch im England des 14. Jhs. findet ein große Bauernrevolte statt, der Aufstand des Wat Tyler. Auch dieser Aufstand wird – wenn auch unter ganz spezifischen, geradezu kuriosen Bedingungen – letztlich niedergeschlagen. Sowohl bei der Jacquerie als auch beim Aufstand des Wat Tyler zeigt sich, wie sich immer mehr Konflikte vor allem zwischen dem Bauern- und dem Adelsstand aufbauen. Auf eine provozierende Weise stellt der geistige Kopf des englischen Bauernaufstandes, der Priester John Ball, die Frage: „Als Adam grub und Eva spann – wo war denn da der Edelmann?" Etwas, das man der französischen „Jacquerie" oder dem englischen Bauernaufstand des Jahres 1381 an die Seite stellen kann, gibt es im römisch-deutschen Reich (zu diesem Begriff siehe Band 2, S. 15) nicht. Erst mit dem großen Bauernkrieg von 1525, als das Mittelalter längst zu Ende ist, zieht das Reich hier nach. Was es allerdings gibt, sind immer wieder aufflammende vereinzelte lokale Unruhen, die vor allem den Süden des Reiches betreffen.

Die große Pestkatastrophe in der Mitte des 14. Jhs.

1347–1350 zieht eine große Pestwelle über fast ganz Europa hinweg, die zu einem Massensterben führt. Im Oktober 1347 laufen zwei genuesische Handelsschiffe in den Hafen von Messina ein; sie kommen aus Kaffa (heute Feodosia) auf der Halbinsel Krim im Schwarzen Meer. An Bord des Genueser Schiffes befinden sich tote und sterbende Männer; die erkrankten Matrosen haben in den Achselhöhlen und in der Leistengegend hühnereigroße Schwellungen, die von Eiter und Blut nässen. Im weiteren Krankheitsverlauf gehen diese Schwellungen zurück, dafür aber verbreiten sich auf der ganzen Haut schwarze Flecken. Unter schweren Schmerzen leidend und faulig riechende Exkremente ausscheidend, sterben die Kranken schnell, ca. fünf Tage nachdem die ersten Symptome auftraten. Die Seuche breitet sich aus; sie nimmt dabei andere Anzeichen an, die an die Stelle der Schwellungen treten – Blutspucken und hohes Fieber. Die Betroffenen, die unter schwerem Husten leiden und stark schwitzen, sterben jetzt noch schneller, in drei bis vier Tagen. Die Krankheit tritt im Folgenden zum einen in der Form auf, dass sie, übertragen durch einfachen Körperkontakt, die Blutbahnen infiziert und zu den Beulen und Lymphdrüsenschwellungen führt; zum anderen verbreitet sie sich über die Atemwege (Tröpfcheninfektion) und infiziert die Lungen. Die Krankheit verläuft auf eine erschreckend schnelle Weise: Man berichtet von Menschen, die sich gesund ins Bett legen und, noch bevor der Morgen graut, im Laufe der Nacht sterben. Auch soll es Ärzte geben, die sich bei ihren Patienten anstecken und noch vor diesen dahingerafft werden. Die Krankheit stammt – wie man bald zu rekonstruieren beginnt – aus China; sie hatte sich auf dem asiatischen Kontinent rasend schnell ausgebreitet und soll dabei ganze Länder regelrecht entvölkert haben. Nicht nur von Messina, sondern auch von anderen Hafenstädten (Genua, Venedig), die mit dem Orient in Kontakt stehen, breitet sich die Krankheit in Europa aus; sie erreicht Frankreich und England ebenso wie Skandinavien und das deutsche Sprachgebiet und reicht im Osten bis Ungarn. Nur ganz wenige Landstriche innerhalb dieser Zone werden verschont. Die Todesrate ist erschreckend, allein in der Stadt Avignon sollen täglich etwa 400 Menschen gestorben sein; die Friedhöfe sind überfüllt. Niemand weiß, wie viele Menschen in Europa insgesamt an der Krankheit sterben. Man nimmt jedoch an, dass die europäische Bevölkerung durch die Pestkatastrophe insgesamt um etwa 20–50 % zurückgeht. Die Folgen – gerade auch für die Bevölkerung auf dem Land – sind einschneidend: Durch die Verknappung der menschlichen Arbeitskraft auf dem Land muss die Arbeit dort grundsätzlich teurer bezahlt werden; gleichzeitig geht die Nachfrage an agrarischen Produkten stark zurück, die Preise hierfür fallen; aufgrund der durch die Pestkatastrophe entstandenen Wüstungen verliert der Grundbesitz rapide an Wert. Es sind oftmals nur wenige, die auf dem Land überhaupt überlebt haben; der Wert ihrer Arbeitskraft – damit aber auch das Selbstbewusstsein dieser sozialen Gruppe – steigt.

2 Das Leben im Kloster und die Welt der mittelalterlichen Orden

Auch wenn es immer wieder vielfältige Wechselbeziehungen gibt: Das Leben im Kloster vollzieht sich vom normalen Zusammenleben der Menschen getrennt. Männer oder Frauen – also Mönche oder Nonnen – leben im Namen Christi unter ganz bestimmten Regeln und äußeren Formen zusammen, abgeschieden von der übrigen Welt. Diese Regeln und Formen unterscheiden sich im Laufe des Mittelalters voneinander teilweise sehr.

Klöster hat es bereits in der Antike gegeben. Doch der erste, der im Mittelalter ein Kloster einem festen Regelwerk unterwirft, ist Benedikt von Nursia († 547), der „Vater des abendländischen Mönchtums". Über Benedikt, der aus der Stadt Norica (Nursia) in Umbrien stammt, ist kaum etwas wirklich Gesichertes bekannt. Sein Leben wird erst lange Zeit nach seinem Tod von Papst Gregor dem Großen (590–604) erzählt. Demnach soll sich Benedikt unter dem Eindruck des zerfallenden römischen Weltreiches aus der Stadt Rom zunächst in die Einsamkeit einer Grotte bei Subiaco in Latium zurückgezogen haben; ein Anachoret, also ein Einsiedlermönch, namens Romanus habe ihm dort das Mönchsgewand angelegt und ihn mit Nahrung versorgt. Nachdem er in den Bergen von Subiaco bereits mehrere kleine Klöster gegründet hat, verlässt er diese Gegend und gründet 527 auf dem nicht weit davon gelegenen Berg Monte Cassino ein neues Kloster, in das er zwei Jahre später selbst einzieht.

534 verfasst Benedikt eine Ordnung für das Mönchsleben, die *Regula sancti Benedicti*, die sich fast überall in Europa durchsetzt. Die Mönche, die sich nach dieser Regel richten, nennt man den Benediktinerorden. Durch die *Regula sancti Benedicti* ist Benedikt faktisch der Stifter dieses Ordens. Benedikt setzt die Regel fast absolut; jeder soll der Regula als einer Meisterin folgen, keiner soll von ihr abweichen. Angeführt werden – so die Regula – sollen die Klöster von einem Abt, der allein der Mönchsgemeinschaft vorsteht und dem jeder Gehorsam schuldig ist. Die Benediktsregel basiert auf dem Grundprinzip „arbeite und bete" (*ora et labora*). Die Arbeit ist extrem wichtig; jeden Tag soll sie als Ergänzung zu den gottesdienstlichen Aufgaben treten und dadurch erziehend und gemeinschaftsstiftend wirken. Alles soll gemeinsam verrichtet werden, das Beten, Arbeiten, Essen; jede Vereinzelung ist verpönt. Mit Gleichmaß und

Quelle: Benedikt von Nursia ruft zur klösterlichen Tugend und zur klösterlichen Nachfolge Christi auf – das Vorwort zur Benediktsregel

Höre mein Sohn, auf die Gebote des Meisters und neige das Ohr deines Herzens und nimm die Ermahnung des gütigen Vaters willig auf und erfülle sie im Werke [...], damit du durch des Gehorsams Arbeit zu dem zurückkehrst, von dem du durch des Ungehorsams Trägheit abgewichen bist. An dich also richtet sich jetzt mein Wort, wer immer du den eigenen Willensregungen entsagst und, um dem Herrn Christus, dem wahren König, Kriegsdienste zu leisten, die starken und ruhmvollen Waffen, [nämlich] den Gehorsam ergreifst.

Zuerst: Sooft du ein gutes Werk zu tun beginnst, erflehe in inständigem Gebete, dass es von ihm vollendet werde, auf dass er, der uns schon huldvoll unter seine Söhne rechnet, über unsern bösen Wandel nicht einmal betrübt sein müsse. So nämlich muss man ihm allzeit mit seinen Gaben, die in uns sind, dienen, damit er nicht nur nicht als erzürnter Vater seine Söhne einmal enterbe, sondern auch nicht als furchterweckender Herr, ergrimmt ob unserer Übeltaten, jene als nichtswürdige Sklaven zur ewigen Strafe überliefere, die ihm zur Herrlichkeit nicht folgen wollten. Stehen wir also endlich einmal auf: weckt uns doch die Schrift und spricht: „Die Stunde ist jetzt da, vom Schlafe aufzustehen" (Röm 13,11). Und öffnen wir unsere Augen, dem göttlichen Licht, hören wir aufmerksamen Ohres, wozu die göttliche Stimme, täglich rufend, uns mahnt, wenn sie spricht: „Heute, wenn ihr seine Stimme höret, verhärtet eure Herzen nicht" (Ps 94,8), und wieder: „Wer Ohren hat zu hören, der höre, was der Geist zu den Kirchen spricht" (Offb 2,7). Und was spricht er? „Kommt, meine Söhne, höret mich, die Furcht des Herrn will ich euch lehren" (Ps 33,12). „Laufet, solange ihr das Licht, das Leben habt, dass nicht die Finsternis, der Tod euch ergreife" (Jo 12,35).

Und es sucht der Herr in der Menge des Volkes, dem er dies zuruft, seinen Arbeiter und spricht wieder: „Wer ist der Mensch, der das Leben will und gerne gute Tage sieht" (Ps 33,13)? Wenn du das hörst und erwiderst: „Ich", so spricht Gott zu dir: „Willst du das wahre und ewige Leben haben (vgl. Mt 19,16), so behüte deine Zunge vor dem Bösen, und deine Lippen sollen Trug nicht reden; kehre dich ab vom Bösen und tue das Gute: suche den Frieden und geh ihm nach" (Ps 33,14). „Und tut ihr dies, so ruhen meine Augen auf euch und sind meine Ohren euren Bitten offen" (vgl. Ps 33,16), und ehe ihr mich anruft, werde ich zu euch sprechen. „Siehe, da bin ich" (vgl. Is 58,9).

Was gibt es, teure Brüder, Wonnigeres für uns als diese Stimme des Herrn, der uns einlädt! Siehe, in seiner Güte zeigt uns der Herr den Weg zum Leben.

[...]

Behutsamkeit richtet die Benediktsregel ihre Vorschriften aus. Extreme Handlungsweisen – etwa ein Übermaß an Beten, Fasten oder Strafen – lehnt sie in jeder Hinsicht ab.

Doch der Benediktinerorden wird im Laufe der Jahrhunderte dringend reformbedürftig. 910 gründet Herzog Wilhelm III. von Aquitanien das Kloster Cluny in Burgund. Bald geht von diesem Kloster eine der bedeutendsten monastischen Reformbewegungen des Mittelalters aus, die cluniazensische Reform. Diese gewinnt im 10. und 11. Jh. eine große Dynamik; sie strahlt aus nach allen Seiten: nach Frankreich, nach Italien, nach England, nach Spanien. Neben der strengen Beachtung der Benediktsregel basiert die cluniazensische Reform vor allem auf einem von weltlichen und bischöflichen Einflüssen unabhängigen Klosterleben. Die Gruppe von ähnlich ausgerichteten Klöstern, die sich bald darauf bildet, wird strikt zentralisiert; die Leitung des Verbandes liegt beim Kloster Cluny. Nachdem bereits 927 eine erste, 981 eine zweite Klosterkirche geweiht worden ist, wird in den Jahrzehnten um 1100 ein noch größeres Gotteshaus errichtet. Dieser dritte Bau („Cluny III"), der fünfschiffig ist und eine Länge von insgesamt 187 Metern besitzt, ist die größte Kirche der abendländischen Christenheit. Sie ist um die Hälfte größer als St. Peter in Rom, wo die sterblichen Überreste des Apostels Petrus ruhen und seit 800 die Kaiserkrönungen stattfinden (bis auf wenige Reste wird die Kirche von Cluny in der Zeit der Französischen Revolution zerstört werden).

Im 10. und 11. Jh. wird das Kloster Cluny durch eine Reihe von Äbten angeführt, die sehr lange Amtszeiten haben und einen enormen Einfluss auf die Politik ausüben. 994 wird Odilo, Abkömmling einer burgundischen Adelsfamilie, Abt, bereits drei Jahre nachdem er in das Kloster eingetreten ist. Odilo lenkt die Geschicke des Klosters über mehr als ein halbes Jahrhundert hinweg bis in sein Todesjahr 1049; von ihm sagt man: Er habe ein Kloster aus Holz übernommen, und eines aus Marmor hinterlassen. In politischen Fragen seiner Zeit setzt sich Odilo stark für den Gottesfriedensgedanken ein. Odilos Nachfolger, Abt Hugo (1049–1109), erlebt in seiner Amtszeit insgesamt neun Päpste. Als Vertrauter sowohl des römisch-deutschen Königs Heinrichs IV. wie auch Papst Gregors VII. tritt er im Investiturstreit, der Reich und Kirche im späten 11. Jh. entzweit, als Vermittler hervor.

Doch ziemlich genau zu der Zeit, in der die letzten Ziegel in den dritten Bau der Klosterkirche von Cluny gefügt werden, ist die große

Abb. 3: **Vom 910 gegründeten Kloster Cluny in Burgund geht im 10. und 11. Jh. eine machtvolle Reformbewegung des Klosterlebens aus, die die gesamte westliche Kirche beeinflusst.** Cluny steht einem ganzen Klosterverband vor, der strikt zentralistisch ausgerichtet ist. Nach drei Vorgängerbauten wird in Cluny um 1100 nochmals eine neue, gewaltige Kirche errichtet, die das größte Gotteshaus der abendländischen Christenheit ist. Mit der Fertigstellung dieser neuen Kirche ist der Zenit der cluniazensischen Bewegung freilich längst überschritten; sie wird vom Zisterzienserorden, der 1098 ganz in der Nähe von Cluny seinen Ausgang nimmt, zunehmend an den Rand gedrängt. Bis auf wenige Reste wird die Kirche von Cluny in der Zeit der Französischen Revolution zerstört.

Zeit des Cluniazensertums auch schon vorüber. Während es sich bei Cluny und seiner Klosterfamilie um eine besondere Ausprägung des Benediktinerordens handelt, ist inzwischen ein ganz neuer Orden entstanden: die Zisterzienser. Ihre Keimzelle liegt in Cîteaux bei Dijon; davon leitet sich auch ihr Name ab („Zisterzienser" = Mönche aus Cîteaux). Es ist Robert von Molesme († 1111), der Abkömmling eines Adelsgeschlechts aus der Champagne, der 1098 hier das erste Kloster dieser neuen Art begründet. Die ersten **Zisterzienser** wollen dabei zunächst nichts anderes, als zur alten Benediktsregel zurückkehren, deren Reinheit und Richtigkeit sie in dem Reichtum und Glanz des Cluniazensertums nicht mehr gewährleistet sehen. Doch aus dem ursprünglichen Wunsch nach Reform entsteht mehr und mehr etwas Eigenständiges, ein neuer Orden, dessen um 1110 verfasste Grundregel (die „charta caritatis") von Papst Calixt II. (1119–1124) bestätigt wird. Im Unterschied zum Cluniazenserorden, der alle Klöster streng der Spitze des „Mutterklosters" unterordnet, handelt es sich bei den zisterziensischen Tochterklöstern, die bald darauf in großer Zahl entstehen, um gleichberechtigte und selbstständige Einheiten. Einmal im Jahr hält der Zisterzienserorden ein Generalkapitel ab, eine Versammlung aller Äbte der Zisterzienserklöster, auf denen die unterschiedlichsten Fragen des Ordens beraten werden. Von allen Tochterklöstern in ganz Europa, von Frankreich bis zur Mark Brandenburg, von England bis nach Italien, reisen zu diesem Zweck die Äbte nach Cîteaux. Für ihre Niederlassung suchen die Zisterzienser vorzugsweise stille, abgelegene Täler auf, die von ihnen urbar gemacht werden; sie haben somit einen großen Anteil am hochmittelalterlichen Landesausbau, der zuvor unerschlossene Gebiete dem Wirtschaftsleben der Menschen nutzbar macht. Die Zisterzienserklöster sind umgeben von Außenhöfen, den **Grangien**, die Laien (Leute weltlichen Standes) zur eigenen Bewirtschaftung übergeben werden. Ebenso wie in ihrer Gewandung (eine schlichte graue Kutte, die auch nachts nicht abgelegt werden soll), wollen sich die Zisterzienser auch in ihren Baulichkeiten und in ihrer Architektur von dem Prunk der Cluniazenser unterscheiden. Ihre Kirchen sind – bei aller Würde, ja Majestät, die sie, zumal in einsamen Landschaften stehend, ausstrahlen – betont schmucklos; sie besitzen keinen Turm, der in der Himmel ragt, sondern lediglich einen einfachen Dachreiter.

Quelle: Rasch breitet sich der Zisterzienserorden aus – die Gründungsakte des Klosters La Ferté, der ersten Tochtergründung von Cîteaux

Die Zahl der in Cîteaux lebenden Brüder war so groß, dass ihre Einkünfte nicht ausreichten und sie in ihrer Behausung nicht mehr angemessen untergebracht werden konnten. So beschlossen der Abt dieses Klosters, Stephan, und die Brüder, nach einem anderen Ort zu suchen, wo ein Teil von ihnen, von den anderen nur dem Leibe nach, aber nicht in der Seele getrennt, Gott mit Hingabe und Regelmäßigkeit dienen könnte. Während der Abt eifrig nach diesem Ort suchte, erfuhren Monseigneur Gautier, Bischof von Chalon, seine Chorherren und die Grafen Savary und Giullaume sowie andere Adelige davon. Sie waren hoch erfreut über das Vorhaben, durchforschten ihre Ländereien und fanden durch Gottes Willen endlich einen geeigneten Ort, an dem die Mönche Gott dienen und nach der Regel leben könnten. Sie brachten die Mönche dort unter, nachdem sie sie mit Ehren empfangen hatten, wie es Gott wohlgefällt. Die beiden Grafen schenkten ihnen frohen Herzens einen Teil des Waldes, den die Bewohner Bragny nennen. Damit man den Ort künftig den Brüdern nicht streitig machen könne, begrenzten sie diesen Teil, indem sie in Gegenwart von Monseigneur Gautier, dem Bischof von Chalon, Monseigneur Stephan, dem Abt von Cîteaux und mehreren anderen, Kreuze in den Boden schlugen. Nach dieser Grenzziehung, die sie im Einverständnis mit allen Anwesenden bei der Weihe der Stätte bestätigten, erließen zwei Bischöfe, Monseigneur Gautier von Chalon und Monseigneur Joserand von Langres, eine Verordnung, die festlegt, dass jeder, der auf irgendeine Weise das Recht der Brüder auf ihren Besitz verletzte, auf Lebzeiten exkommuniziert würde, wenn er nicht vor Gott, der Jungfrau Maria und den Brüdern für dieses Vergehen büße. Für den Teil des Waldes, der außerhalb des Besitzes lag, übertrugen besagte Grafen den Brüdern das Nutzungsrecht für ihre sämtlichen Bedürfnisse, für den Bau ihrer Häuser, das Weiden ihrer Tiere und die Heuernte. Dies geschah im Jahre 1113 der Fleischwerdung, indictio VI, concurrens II, espacto I. So wurde das Kloster La Ferté gegründet, seine Basilika geweiht. Das war an einem Sonntag, dem 18. Mai, und am Samstag vor diesem Sonntag hatten sich die aus Cîteaux kommenden Mönche an diesem Ort niedergelassen.

Grangie Der Begriff kommt von lat. *granum*; Korn. Eine „Grangie" ist insofern ursprünglich einfach ein Getreidespeicher bzw. eine Scheune. Neben dieser Grundbedeutung meint er jedoch hauptsächlich den zumeist durch Zaun, Mauer und Toranlage abgeschlossenen Hofbereich inklusive des Landkomplexes, der von dieser Hofanlage aus bewirtschaftet wird. Die Grangien stehen unter der Leitung von sog. Konversen (Laienbrüdern), die Knechte, Mägde und Lohnarbeiter beaufsichtigen. Ein Hofmeister (*magister grangiae*) steht dem Betrieb, der einerseits Züge eines selbstständigen Unternehmens trägt, andererseits dem Abt in jeder Hinsicht rechenschaftspflichtig ist, vor.

Die prägende Gestalt des Zisterzienserordens in seinen Anfangsjahrzehnten ist der 1090 geborene Bernhard von Clairvaux († 1153). Er tritt 1112 zusammen mit 30 Begleitern in das Kloster Cîteaux ein. Bereits 1115 wird er Abt des eben erst gegründeten Klosters Clairvaux, das unweit davon liegt. Bernhard verfasst zahlreiche Predigten und theologische Traktate; er ist nicht nur für die innere Struktur und für bestimmte Bauvorschriften des Ordens verantwortlich, er besitzt auch einen enormen Einfluss auf die Politik seiner Zeit. Er unterstützt nachhaltig die jungen Ritterorden im Heiligen Land, die sich im Gefolge des Ersten Kreuzzugs (1096–1099) gebildet haben, und er ist eine der entscheidenden Figuren im Vorfeld des Zweiten Kreuzzugs (1146–1149), da es ihm gelingt, sowohl den französischen König Ludwig VII. von Frankreich (1137–1180) als auch den römisch-deutschen König Konrad III. (1138–1152) zur Kreuznahme zu bewegen. Den Zeitgenossen gilt er wegen seiner rhetorischen Fähigkeiten als „honigträufelnder Redner" (*doctor mellifluus*); die Nachwelt wird angesichts seines Einflusses auf Politik und Geistesleben sogar von einem „Bernhardinischen Zeitalter" reden; er selbst bezeichnet sich einmal als die „Chimäre meines Jahrhunderts".

Eine wiederum ganz neue Form des europäischen Mönchtums entsteht im 13. Jh., die Bettelorden oder Mendikanten (lat. „Bettler"). Die Ursache für die Entstehung der Bettelorden ist darin zu suchen, dass die Kirche generell – und in der Kirche auch die alten Orden – zunehmend reich und mächtig geworden ist. Auf vielfache Weise ist sie in weltliche Angelegenheiten verstrickt. Immer mehr scheint sie sich von ihren ursprünglichen Idealen zu entfernen. Als Reaktion hierauf bildet sich im 12. und frühen 13. Jh. eine ganze Reihe von religiösen Bewegungen, die aus der Sicht der Amtskirche als Sektierer und Ketzer bezeichnet und die von dieser nicht geduldet werden. In diesen Abweichlern sieht man eine große Gefahr für die Kirche, sie werden teilweise – wie die Albigenser in Südfrankreich – mit Kreuzzügen bekämpft. Die zumeist im 13. Jh. entstehenden Bettelorden verpflichten sich zu sittlicher Strenge und absoluter Armut. Sie leben teilweise ausschließlich von Almosen, also Erbetteltem – daher der Name „Bettelorden". Die Bettelorden bieten der Amtskirche die Chance, den Vorwurf, die Kirche sei nur reich und nur mächtig und habe mit den Idealen der Urkirche nichts mehr zu tun, zu entkräften; sie werden deswegen nachhaltig von den Päpsten unterstützt und von diesen in ihre Dienste gestellt.

Karte 1: **1098 gründet Robert von Molesme in Cîteaux (Burgund) den Zisterzienserorden**, einen der wichtigsten Reformorden des hohen Mittelalters, der sich ganz bewusst vom Reichtum, vom Prunk und von der Überlast der Liturgie, wie sie für das Cluniazensertum üblich geworden ist, unterscheiden will. Der Zisterzienserorden gewinnt rasch einen ungeheuren Zulauf, es entstehen Niederlassungen in fast ganz Europa.

Die beiden bekanntesten Bettelorden sind die Dominikaner und die Franziskaner. Der Dominikanerorden (*Ordo fratrum praedicatorum*) wird 1215 in der französischen Stadt Toulouse von dem spanischen Kanoniker Dominicus de Guzmán gestiftet; er wird ihm Jahr darauf von Papst Honorius III. (1216–1227) bestätigt. Der gleiche Papst bestätigt 1223 auch den zweiten dieser Bettelorden, den „Orden der minderen Brüder" (*Ordo fratrum minorum*), der nach seinem Gründer Franz (Franciscus) von Assisi († 1226) auch als Franziskanerorden bezeichnet wird. Die Franziskaner lehnen ursprünglich jede höhere Bildung für ihre Mitglieder ab. Als einfache Wanderprediger wollen sie wirken, in Schlichtheit und Einfachheit die Botschaft Christi verbreiten. Doch bald schon zeigt sich, dass das so kaum verwirklicht werden kann; auch die Franziskaner brauchen – wie jeder andere Orden auch – Institutionen und ein Mindestmaß an Besitz. Das jedoch lehnen einige ihrer Mitglieder radikal ab; es kommt zu schweren inneren Konflikten und zu Abspaltungen. Im Gegensatz zu den Franziskanern sind die Dominikaner dazu verpflichtet, ein Studium der Theologie zu absolvieren. Dadurch sollen sie für eine ihrer Hauptaufgaben, der Ketzerbekämpfung, gut vorbereitet sein. Die Dominikaner machen sich durch diese Tätigkeit natürlich nicht sonderlich beliebt; ihr Name wird gelegentlich verballhornt zu *domini canes* (= Hunde des Herrn).

3 Das Rittertum

Ein „Ritter" ist zunächst einmal nichts anderes als ein Krieger zu Pferd, ein ‚berittener' Krieger also. Die Wurzeln dafür, dass er sich im Laufe der Zeit in seinem ganzen Habitus so stark von den anderen Kriegern abgrenzt, liegen im Frankenreich (5.–10. Jh.). Im Heer des Frankenreichs (siehe Kapitel 3) nimmt die Bedeutung berittener Kämpfer immer mehr zu. Man merkt: Kämpfer zu Pferd können viel mehr ausrichten als eine einfache Fußtruppe. Ein Pferd und die dazugehörige Ausrüstung aber sind kostspielig. Da sich das nicht jeder leisten kann, kommt es innerhalb des Heeres zwischen der Reiterei und den Fußtruppen zu einer sozialen Differenzierung; die Reiterei gilt und fühlt sich als etwas Besseres. Karl der Große, Herrscher des Frankenreichs in den Jahrzehnten um 800, unternimmt eine Heeresreform: Bildeten im Frankenreich ursprünglich alle Freien das Heer, so werden jetzt nur noch diejenigen zum Militär-

Abb. 4: In der Oberkirche von Assisi schildert der italienische Maler Giotto († 1337), der einer der entscheidenden Wegbereiter der Renaissance ist, den Traum Papst Innocenz III. (1198–1216), einer der machtbewusstesten Päpste des Mittelalters überhaupt, wie ein einfacher Mönch die römische Laterankirche, die einzustürzen droht, stützt. Tatsächlich billigt Innocenz III. bereits 1210 mündlich die ersten Regeln des Franziskanerordens, die freilich später verloren gehen.

dienst herangezogen, die über ein Mindestmaß an freiem Besitz oder über ein **Lehen** verfügen (denn ein Lehen zu haben ist auch eine Form des Besitzes, sogar eine durchaus erstrebenswerte, und keineswegs ist es ein Makel, von jemandem lehnsabhängig, also jemandes „Vasall" zu sein). Immer stärker treten im fränkischen Heer diejenigen, die ein solches Lehen besitzen, in den Vordergrund. Im 10. Jh. ist schließlich der Zustand erreicht, dass die Reiterei des fränkischen Heeres nur noch aus Vasallen besteht; diese ziehen eine deutliche Trennlinie zwischen ihrer eigenen Gruppe und dem restlichen Heer. Die Mitglieder dieser Reiterei empfinden sich jetzt als die eigentlichen ‚Berufskrieger'. Sie können sich auf ihre Tätigkeit spezialisieren und sind dem normalen Angehörigen des Heeres – in der Regel dem Bauer, der seinen Acker bestellen und sich von daher auch andere Gedanken machen muss – um ein Vielfaches überlegen.

Die Anfänge des Rittertums sind somit untrennbar mit dem Lehnswesen verbunden, das im Frankenreich und seinem westfränkisch-französischen Nachfolgestaat in besonders ausgeprägter Form vorhanden ist. Zunehmend werden als Ritter jedoch nicht nur die adeligen Vasallen, sondern auch unfreie Dienstmannen, die Ministerialen (von lat. *ministerium* = Dienst) verwendet. Anfangs achtet man peinlich genau auf den Unterschied zwischen einem Ritter edelfreier oder unfreier Herkunft. Doch immer mehr lösen sich die Grenzen auf, sie verwischen in der praktischen Ausübung des Geschäfts. Die Tätigkeit als Ritter schafft einen eigenen, neuen Stand, den Ritterstand.

Um 1100 zeigt sich der Ritter im Kampf so, wie ihn spätere Jahrhunderte vor Augen haben: mit seinem maschenartigen Panzerhemd auf dem Pferd sitzend, auf dem Kopf einen Topfhelm, die Füße in den Steigbügeln (die in Europa im 9. und 10. Jh. aufkommen), in einem Arm den Schild. Als Waffen akzeptiert werden von den Rittern hauptsächlich Schwert und Speer; erst später kommt die Stoßlanze, mit der man den Gegner regelrecht „aus dem Sattel heben" kann. Völlig verpönt sind Fernwaffen; sie gelten als unehrenhaft und also unritterlich – eine Einstellung, die namentlich den französischen Ritterheeren des Spätmittelalters im Kampf gegen die mit Langbogen bewaffneten Engländer zum Verhängnis werden wird. Schwer gerüstet sehen viele Ritter gleich aus, was im Kampf zu Verwechslungen führen kann und insofern nicht ungefährlich ist. Deswegen kommt der Brauch auf, sich mit einer speziellen Helmzier, mit Wappen oder Wimpeln auf besondere Weise kenntlich zu machen.

Das Lehnswesen

Die Entstehung des mittelalterlichen Rittertums ist mit dem mittelalterlichen Lehnswesen untrennbar verbunden. Das Lehnswesen ist ein Vertragsverhältnis, das zwischen zwei Freien geschlossen wird. Nur Freie können ein solches Verhältnis eingehen, für Unfreie verbietet sich dies. Im Rahmen dieses Lehnswesens überlässt ein Freier (der „Lehnsherr") einem anderen Freien (dem „Vasall") auf Lebenszeit ein Stück Land. Der Vasall darf dieses Land fast nach Belieben frei nutzen. Gebunden an dieses ‚Nutzungsrecht' ist jedoch das Versprechen des Vasallen, dem Lehnsherrn Treue, Gehorsam und bestimmte Dienstleistungen zu erweisen; mit diesen Dienstleistungen aber sind vor allem ritterliche Waffendienste gemeint. Zeichenhaftig wird das Lehnsverhältnis zum Ausdruck gebracht durch die „Mannschaft" und den damit verbundenen Handgang: In diesem Ritual legt der Vasall seine Hände in die Hände des Herrn. Scheint dieser sich somit gegenüber dem Lehnsherrn gleichsam selbst verknechtet zu haben (in der Tat erinnert der Vorgang an alte Selbstverknechtungsriten), so bekommt das Ganze noch einmal eine völlig andere Bedeutung durch den Treueid, den der Vasall bei der Begründung des Lehnsverhältnisses ebenfalls leisten muss. Der Treueid verpflichtet nämlich nicht nur den Vasallen, sondern auch den Lehnsherrn; auch dieser muss sich gegenüber seinem Vasallen ‚treu' verhalten. Es sind somit auch elementare partnerschaftliche Grundregeln, die das Lehnswesen aufweist. Im Weiteren ist der Vasall gegenüber dem Lehnsherrn verpflichtet, ihm Rat und Hilfe (*consilium et auxilium*) zu gewähren, wenn dies erforderlich ist. Diese Regelung aber ist entscheidend für das entstehende Rittertum, die Hilfe, die eingefordert werden kann, ist in vielen Fällen ritterliche Waffenhilfe. Im Gegensatz zum Lehnsbesitz steht das Allod, der lehnsfreie Besitz. Die Verteilung von Lehnsbesitz und allodialem Besitz entwickelt sich in Europa völlig unterschiedlich. Während in Westeuropa (zunächst in Frankreich, seit 1066 auch in England) der Grundsatz gilt: *nulle terre sans seigneur* („kein Land ohne Lehnsherr") und alles Land entweder (wie in der französischen Krondomäne) entweder direkt dem König unterstellt ist oder verlehnt wird, gibt es in Deutschland einen insgesamt sehr großen allodialen Besitz. Er befindet sich in der Hand des Adels. Während man ein Lehen im schlimmsten Fall vom Lehnsherrn entzogen bekommen kann, kann in diesen Besitz niemand, auch der König nicht, in irgendeiner Form eingreifen.

Immer mehr verbinden sich feste Bräuche und Rituale mit dem Rittertum. Der wichtigste ist der Erhebungsakt, wobei es hier in Europa Unterschiede gibt. In Deutschland ist die ‚normale' Form der Erhebung zum Ritter im hohen Mittelalter die Gürtung mit dem Schwert, also die Schwertleite. In Einzelfällen ist auch bezeugt, dass sich bestimmte Personen das Schwert selbst umbinden, der Normalfall jedoch ist dies keineswegs. In Westeuropa dagegen kennt man andere Formen der Erhebung, den Ritterschlag, der, wenn man so will, ein etwas ‚rationaleres' Verfahren darstellt. Im 14. Jh. jedoch, erstmals nachweisbar 1377, setzt sich der Ritterschlag auch in Deutschland weitgehend durch – er ist eine der Formen des Kulturtransfers von Westeuropa in die Regionen östlich des Rheins.

Die Grundformen des Kampfes zwischen Rittern haben etwas Szenisches: vieles gilt als unsittlich; für vieles gibt es klare Regeln und Verabredungen. Im Turnier simuliert man diesen Kampf. Das erste Turnier, das auf deutschem Boden abgehalten wird, findet 1127 vor den Toren der Stadt Würzburg statt, und eines der größten Spektakel dieser Art wird 1184 anlässlich des Mainzer Hoftags abgehalten: nach dem Bericht des Chronisten Giselbert von Mons († 1224) sollen sich hieran 20 000 Ritter beteiligt haben, was sicherlich übertrieben ist, aber dennoch einen Eindruck von der Größenordnung gibt. Die ritterlichen Turniere, die von der Kirche stets kritisiert und abgelehnt werden, sind große Schauveranstaltungen, auf denen sich das abendländische Rittertum der Öffentlichkeit präsentiert. Sie sind keineswegs ungefährlich. Nicht selten kommt es – vor allem beim Zweikampf mit der Lanze, dem Tjost – zu schweren Verletzungen oder gar zu Todesfällen. Allein 1175 sollen in Sachsen sechzehn Ritter im Turnierkampf umgekommen sein. Auch prominente Angehörige des Hochadels verlieren hier ihr Leben – 1559 wird sogar der französische König Heinrich II. bei einem Turnier tödlich verletzt. Dennoch halten viele Herrscher im Europa des Mittelalters (und noch in dem der Frühen Neuzeit) am Rittertum und seinen Idealen fest.

4 Die mittelalterliche Stadt

Die Stadt des Mittelalters ist zunächst die Stadt, die aus der Antike kommt. Vor allem im Mittelmeerraum haben eine Reihe von Städten das Ende des römischen Reiches überdauert und viele ihrer politischen und sozialen

Abb. 5: Der Besitz eines Pferdes ist unabdingbar für den Ritter – daher kommt auch sein Name, der nichts anderes bedeutet als „berittener Krieger". Auf das Kampfpferd kommt – mehr noch als auf die Rüstung – alles an. Um es für seinen Einsatz in den mörderischen Schlachten zu schonen, wird es während des Marsches nur als Handpferd eingesetzt. Die Darstellung stammt aus der „Kreuzritterbibel", die in Frankreich um 1250 entstanden ist.

Einrichtungen ins Mittelalter hinüberretten können. Gute Beispiele dafür sind die Städte Marseille, Genua oder Pisa. Für die römischen Städte auf dem Gebiet des späteren Deutschland gilt dies zwar nicht in gleichem Maße, doch sorgt allein schon die Tatsache, dass in vielen dieser Städte – etwa in Köln, Trier oder Mainz – seit dem 4. Jh. ein Bischof residiert, für eine gewisse Kontinuität der Bevölkerungszahl und der administrativen Organisation. Denn wo ein Bischof ist, da muss eine Stadt sein – so schreibt es das Kirchenrecht vor.

Zu einem größeren Aufschwung des Städtewesens nördlich der Alpen kommt es erst im 8., 9., 10. Jh. Die Bevölkerung nimmt zu, die Menschen suchen nach Unterkunft und Versorgung. Die alten Römerstädte blühen wieder auf, werden größer, neue Städte werden gegründet. Die Mehrzahl dieser Gründungsstädte entsteht dadurch, dass man sich an Burgen (die im frühen Mittelalter oftmals nicht mehr sind als befestigte Plätze), Pfalzen, Marktorte oder an Dorfsiedlungen anlehnt. Wo eine solche Anlehnung nicht möglich ist und sich eine Stadtgründung an anderen Gegebenheiten ausrichten muss, redet man von Städten „aus wilder Wurzel". Vor allem im Zuge der Kolonisation und des Landesausbaus der Gebiete östlich von Elbe und Saale entstehen solche Städte. Den größten Zuzug erlebt die Stadt im Mittelalter im 13. und frühen 14. Jh. Die Stadt als Lebensraum besitzt jetzt eine große Attraktivität; viele Menschen, die sich dadurch eine Verbesserung ihrer Lebenssituation erhoffen, verlassen jetzt das Land und ziehen in die Stadt. Die Einwohnerzahl der Städte wächst. Die bevölkerungsreichsten Städte Europas im Mittelalter sind Paris, Mailand, Florenz und Venedig. Die größte Stadt Deutschlands im Mittelalter ist Köln mit ca. 40 000 Einwohnern; dahinter liegen Lübeck mit 20 000 bis 30 000 Einwohnern sowie eine ganze Reihe anderer Städte wie Nürnberg, Straßburg, Wien, Breslau, die es immerhin auf ca. 20 000 Einwohner bringen.

Die nordalpine Stadt im späten Mittelalter ist zumeist ein eng bebauter, von schmalen Gassen durchzogener Raum, in dem kaum noch freier Platz vorhanden ist. Sie wird oft umzogen von einem geschlossenen Mauerring, der sie auf eine sichtbare Weise von ihrem Umland zu trennen scheint. Doch die Mauer ist nicht die Grenzlinie der Stadt. In vielen Fällen liegt um sie herum ein Territorium, dessen Besitz von der Stadt beansprucht wird und das sie dementsprechend zu kontrollieren versucht. In der Regel zieht sich – in einem äußeren Gürtel um die Stadtmauer herum – eine weitere Befestigungsanlage, die Landwehr; sie besteht aus Hecken und

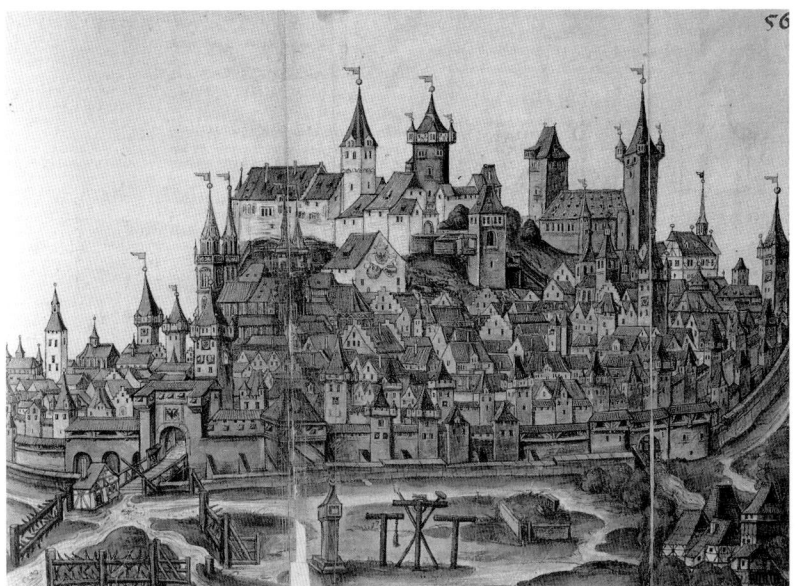

Abb. 6: **Städtische Siedlungen im Mittelalter nördlich der Alpen**, auch wenn sie an römische Gründungen anknüpfen können, beginnen bescheiden; die Stadt des späten Mittelalters jedoch ist ein eng bebauter Raum, in dem nur noch wenig freier Platz übrig ist, wie diese Stadtansicht Nürnbergs von 1533 deutlich zeigt. Die im 11. Jh. erstmals urkundlich erwähnte Stadt Nürnberg hat im ausgehenden Mittelalter etwa 20 000 Einwohner; damit gehört sie zu den bevölkerungsreichsten Städten Deutschlands überhaupt. Die oberhalb der Stadt gelegene Burg der Hohenzollern bildet einen eigenen Rechtsbezirk, der mit der Stadt nichts zu tun hat. Im Bereich vor der Mauer gut zu erkennen die Landwehr, die Hinrichtungsstätte sowie – am rechten Bildrand – am Lauf der Pegnitz die 1389 gegründete erste Papiermühle Deutschlands.

Gräben. An den Stellen, an denen die Landwehr von den Zugangsstraßen zur eigentlichen Stadt durchbrochen wird, errichtet man Beobachtungstürme. Von ihnen aus ist es möglich, das Umland zu beobachten und die Stadtbevölkerung vor eventuellen Gefahren zu warnen. Auch einzelne Häuser und sogar kleinere Siedlungen liegen bereits *vor* dem eigentlichen Mauerring. Ebenso findet man hier karitative Einrichtungen, die man aus Gründen der Ansteckungsgefahr nicht in der Stadt haben möchte, etwa Spitäler für Leprakranke.

Die Herrschaft in der Stadt ist im Mittelalter oftmals sehr umstritten. Für das römisch-deutsche Reich um 1300 lassen sich, bei nicht immer eindeutigen Zuordnungsmöglichkeiten und fortlaufenden Wandlungsprozessen, im Wesentlichen drei Typen von Städten unterscheiden: Reichsstädte, Freie Städte und Territorialstädte. Die „Reichsstädte" gehen dabei hervor aus Städten, die zunächst den König zum Stadtherren haben. Seit dem Ende der letzten hochmittelalterlichen Königsdynastie der Staufer werden diese stadtherrlichen Rechte des Königtums faktisch jedoch kaum mehr wahrgenommen, und diese Städte genießen weitgehende Selbstständigkeit. Prominente Beispiele für solche Reichsstädte, von denen es insgesamt mehr als 100 gibt, sind etwa Frankfurt am Main, Aachen, Nürnberg, Esslingen oder Ulm. Als „Freie Städte" bezeichnet man solche Städte, die zunächst einen Bischof als Stadtherren haben, denen es aber gelingt, dessen Herrschaft im Hochmittelalter in zum Teil langwierigen und heftigen Auseinandersetzungen abzuschütteln. Prominente Beispiele für solche „Freien Städte" sind etwa Köln, Mainz, Worms, Speyer oder Straßburg. In Köln etwa zieht sich der Kampf um die Freiheit der Stadt sehr lange hin: Er beginnt im 11. Jh. mit einem Aufstand der Kölner gegen Erzbischof Anno und endet 1288 mit der Schlacht von Worringen, in der die Truppen des Erzbischofs Siegfried von Westerburg (1275–1297) von einem Koalitionsheer besiegt werden. Der Erzbischof ist fortan gezwungen, außerhalb der Stadt zu residieren. Die „Territorialstädte" wiederum sind Städte, die einen Landesherrn (einen Herzog, einen Markgrafen oder Grafen) zum Herren haben und die teilweise eng in die jeweilige Landesherrschaft eingebunden sind. Unter diesen Territorialstädten befinden sich zahlreiche kleinere, aber auch größere Städte wie zum Beispiel München oder Wien, Brüssel, Prag oder Danzig.

Sind zunächst der Stadtherr und die von ihm Beauftragten allein maßgeblich für die Verwaltung einer Stadt, so gelingt es deren Bürgern im

Quelle: Ein Bürgerkampf des hohen Mittelalters: Die Kölner Bürger vertreiben ihren Erzbischof Anno – die Schilderung des Vorfalls nach Lampert von Hersfeld († nach 1081)

Als nun die Leute in der Kirche sahen, dass das Volk entschlossen auf seinem Tod bestand und die Menschen nicht bloß durch die Trunkenheit, die ja mit der Zeit abzuebben pflegt, sondern auch durch zähen Hass und fanatische Wut umgetrieben wurden, rieten sie ihm zu dem Versuch, in Verkleidung aus der Kirche zu fliehen und so den Belagerern zu entkommen; dadurch könne er gleichzeitig das heilige Gebäude vor der Einäscherung und sich selber vor dem Tod retten. Der günstige Zeitpunkt verhieß Gelingen der Flucht. Nachdem sich der Aufruhr bis Mitternacht hingezogen hatte, herrschte nun allenthalben schaurige, undurchdringliche Finsternis, so dass man kaum das Gesicht von Leuten, die einem begegneten, erkennen konnte. Ein schmaler Zugang führte aus der Kirche in den Schlafsaal und von dort in den Vorhof und in das Haus eines Domherrn, das unmittelbar an die Stadtmauer angebaut war. Dieser hatte wenige Tage vor dem Ausbruch der Empörung vom Erzbischof die Erlaubnis erhalten, die Stadtmauer zu durchbrechen und sich eine kleine Hintertür anzulegen, so hatte es Gott zur Rettung des Erzbischofs gnädig gefügt. Dort führte man den Erzbischof hinaus, und nachdem man für seine und seiner Begleiter Flucht rasch vier Pferde herbeigeholt hatte, ritt er davon, durch die Finsternis der dunklen Nacht aufs beste davor geschützt, von den Begegnenden erkannt zu werden; nach kurzer Zeit traf er auf den Bischof von Münster und gelangt mit einem für die gegenwärtige missliche Lage schon ganz ansehnlichen Geleit nach Neuss.

Inzwischen versuchten die Belagerer der Kirche, die Mauern durch anhaltendes Berennen mit Sturmböcken zu zerschlagen, und man hörte das Durcheinanderschreien der Tobenden, die den allmächtigen Gott zum Zeugen anriefen, dass er ihnen nicht entrinnen, dass er die Wachsamkeit der Belagerer nicht hinters Licht führen würde, und wenn er sich in das winzigste Gewürm der Erde verwandelte. Die Belagerten dagegen trieben ein schlaues Spiel mit den Bemühungen der Stürmenden, bald mit Bitten, bald mit Versprechen, ihn gründlich zu suchen und ihnen auszuliefern, wenn man ihn finde, bis der Erzbischof nach ihrer Berechnung weit genug entkommen und an einen sicheren Ort gelangt war. Dann erst öffneten sie die Türen und ließen sie eindringen und nach Belieben suchen, wobei sie hinzufügten, man suche ihn in der Kirche vergeblich, denn sie wüssten mit Sicherheit, dass er beim ersten Ansturm der aufgeregten Menge noch am hellen Tage die Stadt verlassen hätte und bereits in weit entfernte Gegenden habe gelangen können.

Laufe des Hochmittelalters, eigene, selbst geschaffene Ämter dem entgegenzustellen: der **Rat** einer Stadt entsteht. Im Reich nördlich der Alpen ist ein Stadtrat am frühesten in Utrecht (1196) und Lübeck (1201) nachweisbar; danach nimmt seine Einrichtung einen raschen Siegeszug. Der Rat ist ein (je nach Größe der Stadt zahlenmäßig sehr unterschiedlich besetztes) Gremium von Mitgliedern aus den führenden Familien einer Stadt. Wie man Ratsherr wird und wie lange man es sein darf, ist in den einzelnen Städten sehr unterschiedlich geregelt: Es gibt Städte, in denen man für ein Jahr gewählt wird und nach Ablauf der Frist den Rat verlassen muss; in anderen wird man durch Zuwahl der Ratsherren Mitglied auf Lebenszeit. An der Spitze der Ratsherren steht ein (oder auch mehrere) Bürgermeister, den man in manchen Städten auch Schöffenmeister oder Ratmeister nennt. Hinsichtlich seiner Amtszeit haben die Städte völlig unterschiedliche Regelungen, sie differieren von wenigen Wochen bis zu mehreren Jahren.

Der Bewohner einer Stadt ist nicht gleich der Bewohner einer Stadt; die städtische Bevölkerung ist vielmehr zu allen Zeiten des Mittelalters rechtlich und sozial äußerst differenziert. Es gibt eine durch Reichtum und politischen Einfluss ausgezeichnete städtische Oberschicht, die Patrizier; es gibt die Handwerker mit ihren unterschiedlichen Zweigen, die sich im Laufe des Mittelalters in **Zünften** organisieren, politische Mitbestimmung einfordern und diese zum Teil auch in hohem Maße erlangen; es gibt schließlich eine ganze Reihe von Außenseitern, eine Gruppe, die in sich sehr differenziert ist (und von daher eine gesonderte Betrachtung verdient, s.u., S. 50–54). Alles in allem ist in der städtischen Gesellschaft des Mittelalters vieles ständig im Fluss; von unten nach oben, von oben nach unten, hier scheint fast alles jederzeit möglich. Auch wer bereits in der Stadt lebt, kann seine Stellung verändern: Wenn ein Leibeigener „Jahr und Tag" in der Stadt verbringt, ohne von seinem Herrn zurückgefordert zu werden, wird er als freier Mann in die Stadtgemeinde aufgenommen. Er ist damit freilich noch kein Bürger dieser Stadt – eine solche Einstufung ist ihm in aller Regel erst dann möglich, wenn er in der Lage ist, ein bestimmtes Vermögen vorzuweisen. Eigene Bürgerbücher verzeichnen die genauen Daten der Aufnahmen von Neubürgern in die Stadt.

Rat Der Rat einer Stadt wird, je länger das Mittelalter dauert, zu einem komplexen System mit stark verschachtelten Machtstrukturen. Vielfach wird die große Politik einer Stadt nicht mehr im Rat selbst, sondern nur in bestimmten Ausschüssen des Rates gemacht. Diese werden in der Regel einfach nur nach der Zahl ihrer Mitglieder benannt, etwa „Fünfer", „Siebener", „Neuner" usw. In der Stadt Augsburg etwa entwickelt sich im ausgehenden Mittelalter der „Dreizehner", dessen Mitglieder über wichtige Informationsvorsprünge und eine besonders hohe Sachkompetenz verfügen, zum entscheidenden politischen Führungsgremium der Stadt. In der Lechstadt kommt die Praxis auf, Inhaber wichtiger Ratsämter (etwa den Stadtpfleger, den Baumeister oder den Siegler) zu den „Dreizehnern" zu wählen; durch ihr Amt also werden diese Personen zu Mitgliedern dieses Ausschusses.

Die Zünfte – von einer Interessenvertretung zum Machtfaktor in der Stadt

Im Laufe des Mittelalters entwickeln die Angehörigen eines bestimmten Handwerks – Weber, Fischhändler, Handschuhmacher usw. – ein immer stärkeres Zusammengehörigkeitsgefühl. Um 1100 beginnen sie sich in religiösen Bruderschaften zusammenzuschließen; die Städte, in denen dies zum ersten Mal geschieht, liegen im Rhein-Main-Gebiet: Mainz, Worms, Würzburg. Diese Zusammenschlüsse haben zunächst einfach nur das Ziel, sich im gemeinsamen Gebet für das Seelenheil verstorbener und der Fürsorge in Not geratener Mitglieder eines einzelnen Handwerkszweigs zu widmen. Bald jedoch weiten sich die Ziele aus, sie gelten immer mehr auch den wirtschaftlichen Interessen der Mitglieder. Man versucht sich abzustimmen, um so den Erfolg des eigenen Zweigs zu sichern. Die Zünfte stellen Regeln auf: Sie bestimmen, wer einen Gesellen- oder Meisterbrief bekommen darf; wie die Lehrlinge auszubilden sind; wie viele Handwerker eines bestimmten Zweigs in einer Stadt tätig sein dürfen. Die Zünfte sind zunehmend exklusiv; sie setzen durch, dass niemand in einer Stadt ein Handwerk ausüben darf, der nicht der betreffenden Zunft angehört. Die Zünfte in der mittelalterlichen Stadt sind alles andere als ein einheitlicher Block, die Bandbreite ist vielmehr sehr groß. Arme und reiche Zünfte stehen sich krass gegenüber; demzufolge kommt es oft zu Spannungen und Rivalitäten. Es entsteht das Sprichwort: „Das Handwerk hasst und feindet einander". Im späten Mittelalter werden in manchen Städten die Zünfte so mächtig, dass sie die Beteiligung am Stadtregiment beanspruchen. Es kommt – wie etwa 1368 in der oberdeutschen Reichsstadt Augsburg – zu regelrechten Zunftrevolutionen, zu Erhebungen von Handwerkern gegen die regierende Patrizierschicht. Gern stellen die Zünfte ihre Macht und ihren Reichtum zur Schau; ihre Versammlungsorte – die Zunftstuben – sind oft prunkvoll ausgestaltet. Die Zünfte und die Macht, die sie auf die städtische Gesellschaft ausüben können, überdauern das Ende des Mittelalters. Erst als im 18. und 19. Jh. die allgemeine Gewerbefreiheit aufkommt, verlieren sie ihren bisherigen Einfluss. Andere Namen für Zünfte sind Gaffel, Gilde, Innung, Einung, Zeche, Handwerk, Werk oder Amt.

5 Schule und Universität

Lehrer, Schüler und Student – alle diese drei Berufsgruppen gibt es im Europa des Mittelalters; den Studenten sogar überhaupt erstmals hier, denn die Einrichtung, an der er sein Wissen erwirbt, die Universität, ist eine Erfindung des Mittelalters. Nachdem die römische Welt untergegangen ist, wird es jedoch noch Jahrhunderte dauern, bis es so weit ist. Lehrer und Schüler im Mittelalter, sie begegnen sich zunächst in der Kloster- und in der Domschule. Die Basis ist die Lateinische Sprache, und gelernt werden vor allem Lesen und Schreiben (in dieser Sprache). Die wichtigsten Lehrstoffe sind: über allem die Heilige Schrift, moralische Texte, der Kanon der **Sieben freien Künste**. Die Klosterschulen sind den Domschulen zunächst überlegen. Die Klöster und ihre Schulen, sie sind die eigentlichen Träger und Vermittler des Wissens im früheren Mittelalter; hier gibt es immer wieder bedeutendere Lehrer – wie etwa Hrabanus Maurus in Fulda (†856) –, zu denen man die Schüler aus ganz Europa schickt; hier vor allem werden die noch vorhandenen Texte aus der Antike abgeschrieben und bewahrt.

Auch wenn die Klosterschulen während des gesamten Mittelalters fortbestehen und niemals völlig ihre Bedeutung als Orte des Wissens und der Wissensvermittlung aufgeben werden, so werden sie doch im Laufe des hohen Mittelalters zunehmend von den Domschulen an den Rand gedrängt. Vor allem zwei Gründe sind hierfür verantwortlich: Zum einen gehen im Übergang vom Früh- zum Hochmittelalter die weltlichen Herrschaftsträger neue Bindungen zu den Bischöfen ihrer Reiche ein, die die Bischofskirche und ihr institutionelles Umfeld in einem ganz anderen Maße fordern und prägen; zum anderen aber besitzen diese Domschulen eine viel größere Offenheit für neue geistige Strömungen. Solche neuen Strömungen (ohne die kein Lehrbetrieb aufrechterhalten werden kann, ohne dramatisch an Attraktivität einzubüßen) werden hier viel stärker wahr- und aufgenommen als in den abgeschiedenen Klosterschulen. Wie diese so sind auch die Domschulen kirchliche Einrichtungen; sie sind angeschlossen an **Domstifte** und werden durch diese repräsentiert und finanziert; die Domschullehrer besitzen Pfründen wie andere Mitglieder des Domstifts auch. Ein wichtiger Unterschied zwischen Kloster- und Domschule ist, dass die Domschule in der Regel ein sehr viel größeres Lehrpersonal besitzt; es gibt nicht nur einen einzigen Schulleiter, sondern daneben weitere Lehrer und Hilfskräfte.

Die Sieben freien Künste

Die Sieben freien Künste (*septem artes liberales*) vermitteln im Mittelalter die Grundlagen für die höhere Bildung. Der Begriff stammt bereits aus der Antike. Man meinte, dass diese Künste eines freien Mannes würdig seien und unterschied sie von den „unfreien", „mechanischen" oder „schmutzigen Künsten" (*artes illiberales, mechanicae, sordidae*), die man nicht achtete. Durch den spätantiken Autor Boëthius (†524) dem Mittelalter bekannt gemacht, leben die Künste in der „karolingischen Renaissance", einer von Kaiser Karl dem Großen geförderten Bildungsbewegung um 800, wieder auf. Die Sieben freien Künste sind die Fächer Grammatik, Rhetorik und Dialektik sowie Arithmetik, Geometrie, Musik und Astronomie. Man unterscheidet dabei die drei „redenden Künste" (das Trivium) von den vier „rechnenden Künsten" (dem Quadrivium). Die Sieben freien Künste haben alle Bildungsrevolutionen des Mittelalters überlebt; sie gehören zum festen Bildungskanon sowohl in den Kloster- als auch in den Domschulen des Mittelalters sowie auch noch im Grundstudium der Universitäten. Der Schwerpunkt liegt dabei in allen Fällen eindeutig auf dem Trivium. Im 12. Jh. versucht man, den *artes mechanicae*, die lange im Schatten stehen, einen neuen Wert zu verleihen: Um 1130 verfasst Hugo von St. Viktor († 1141), einer der großen Theologen, Mystiker und Gelehrten seiner Zeit, eine Art Studienhandbuch mit dem Titel „Didascalion", in dem der Autor diese Künste analog zu den *artes mechanicae* in sieben Gebiete einteilt. In der Tendenz ändert dies freilich nichts: die Sieben freien Künste, mit denen kein materieller Zweck verbunden sein soll und die nur dem reinen (zu Gott führenden) Erkenntnisgewinn dienen, gelten weiterhin den *artes mechanicae* als überlegen.

Domstifte „Dom" kommt von lat. *domus dei* („Haus des Herrn") und bezeichnet die Kirche eines Bischofs. Nur in einigen wenigen Ausnahmefällen wird der Begriff auch für Kirchen verwendet, die keine Bischofskirchen sind, z. B. den Petersdom in Rom, den Kaiserdom in Frankfurt am Main oder den Berliner Dom. In Westeuropa wird anstelle des Begriffs „Dom" zumeist „Kathedrale" verwendet, was sich auf die *cathedra* (griech.), den Stuhl des Bischofs in seiner Kirche bezieht; inhaltlich jedoch sind die Begriffe „Dom" und „Kathedrale" identisch. Der Begriff „Stift" bezeichnet im Mittelalter eine Korporation (also einen Zusammenschluss) von Geistlichen wie auch die Kirche selbst, in der diese Geistlichen zusammenkommen, um dort Gottesdienst zu feiern (nach einem erst in der Neuzeit aufkommenden Sprachgebrauch wird auch das Territorium eines Bistums Stift oder Hochstift genannt). Ein Domstift ist also der Zusammenschluss von Geistlichen, den Stiftsherren, an einer Bischofskirche.

Die bedeutendsten Domschulen des Kontinents befinden sich zunächst in Westeuropa. Nur langsam holt Deutschland in dieser Hinsicht auf, und in nicht wenigen Fällen stehen besondere Initiativen dahinter. Neben bereits bestehenden Einrichtungen dieser Art, die einen überregionalen Ruf besitzen, wie etwa im sächsischen Hildesheim, entsteht eine bedeutende Domschule im 11. Jh. in Bamberg, dem Ort, in dem der römisch-deutsche König und Kaiser Heinrich II. (1002–1024) 1007 ein Bistum errichtet und den er auf eine ganz besondere Weise liebt. Als Domschulleiter holt Heinrich II. den berühmten Lütticher Gelehrten Durandus († 1025) hierher. Die Bamberger Domschule nimmt danach einen raschen Aufstieg; sie dient vor allem der Ausbildung von Mitgliedern der Reichskirche. Trotz aller Bemühungen östlich des Rheins: Die westeuropäischen Dom- bzw. Kathedralschulen sind den deutschen überlegen. In Nordfrankreich gibt es bereits am Ende des 11. Jhs. einige Kathedralschulen, die einen so großen Ruf besitzen, dass sie eine überregionale Anziehungskraft ausüben. So vor allem in den Städten Chartres und Reims.

Immer mehr aber wird Paris in der Zeit um 1100 zu einer Art Hauptstadt des europäischen Geisteslebens. Innerhalb kürzester Zeit vollziehen sich hier wichtige Veränderungen in der Bildungslandschaft der Stadt. Um 1100 ist unter den örtlichen Bildungseinrichtungen noch die Kathedralschule von Notre-Dame führend; unter der Aufsicht des Bischofs wird hier, exzellent dargeboten, das traditionelle Wissen vermittelt. In der Folgezeit aber verlagert sich der Schwerpunkt des Pariser Bildungsbetriebs: Er wandert von der Ile-de-la-Cité, auf der die Kathedrale von Notre-Dame liegt, ab und geht hinüber auf das linke Seineufer, das sog. **Quartier Latin**. In den Räumen der hier angesiedelten **Regular-Kanonikerstifte** (das berühmteste unter ihnen ist St. Viktor) finden die Lehrer und ihre stark gewachsene Schülerschar mehr Platz im räumlichen Sinne; auch sind hier viel mehr Freiheiten im Denken möglich als auf der Seine-Insel, wo letztlich alles vom Bischof überwacht wird. Der berühmteste Lehrer in ganz Paris, der eine ganz außerordentliche Breitenwirkung entfaltet, ist der Philosoph **Petrus Abaelard** (1079–1142, s. S. 47); er entwickelt eine neue, bis dahin unbekannte Lehrmethode, die **Scholastik**.

Abaelard und andere Lehrer, die ähnlich selbstständig sind und ähnlich faszinierend wirken, lösen sich also im Laufe des 12. Jhs. vom institutionellen Rahmen der Kathedralschule. Sie beginnen sich zusammen mit

Quartier Latin Seit der Mitte des 11. Jhs. beginnen die Pariser Bürger die Cité-Insel zu verlassen, die zu eng wird. Sie beginnen sich, auf den beiden Ufern der Seine anzusiedeln, die seit den Normanneneinfällen weitgehend unbewohnt geblieben sind und vor allem landwirtschaftlich genutzt werden. Die Besiedlung gilt dabei zunächst dem rechten Ufer. Dass das linke Ufer ‚nachzieht', dass hier nach und nach ein weiteres urbanes Zentrum entsteht, wird ganz wesentlich dem Auszug der Professoren und Studenten von der Seine-Insel im 12. Jh. verdankt; diese lassen sich nicht auf dem rechten, sondern auf dem linken Ufer nieder, wo bald vorzügliche Bildungsmöglichkeiten bestehen. Aus diesen Vorgängen wird Paris zur „Stadt der drei Persönlichkeiten": Ville – Cité – Université.

Kanoniker Bereits im frühen Mittelalter entstehen vorzugsweise an Gedenkstätten von Märtyrern und an Grabplätzen von Heiligen, in Bischofsstädten (wie etwa Köln und Trier), aber auch an den Sitzen von größeren Landpfarreien Gemeinschaften von Klerikern. Diese Klerikergemeinschaften bekommen in der Aachener *Institutio* Kaiser Ludwigs des Frommen 816 eine gemeinsame Ordnung, die unter anderem auch ein gemeinsames Dormitorium (Schlafbereich) und ein gemeinsames Refektorium (Essensraum) vorschreibt. Die Forschung wird diese Klerikergemeinschaften, die ihre eigene Kirche besitzen (die Stiftskirche) und deren wichtigste Aufgabe der gemeinsame Gottesdienst ist, später mit einem Fachbegriff als „Kollegiatstifte" bezeichnen. Die Mitglieder dieser Kollegiatstifte nennt man – nach einem zeitgenössischen, aus dem Mittelalter stammenden Ausdruck – „Kanoniker" (*canonicus*). Im Laufe des Mittelalters tritt bei den Kanonikern das gemeinsame Schlafen und Wohnen immer mehr zugunsten einzelner Wohnungen zurück. Das quasi-klösterliche Leben löst sich auf, das gemeinsame Gut zerfällt zunehmend in Einzelbesitz. Der Ruf nach einer Reform wird laut.

Regular-Kanoniker Aus den Reformbestrebungen der Kanoniker des hohen Mittelalters gehen die Regular-Kanoniker hervor. Sie tragen ihren Namen nach der Ausrichtung ihrer Lebensweise am Vorbild des Kirchenvaters Augustinus († 430), weswegen man sie auch als „Augustinerchorherren" bezeichnet. Man unterscheidet die Regular-Kanoniker von den Säkularkanonikern (Weltgeistliche), die sich der Reform nicht anschließen.

Scholastik Eine neue Lehrmethode des hohen Mittelalters, die große Konsequenzen für die gesamte europäische Bildungsgeschichte besitzt. Die Scholastik hat das Ziel, Glauben und Wissen in einem System zusammenzufügen und dieses System „schulmäßig" (*schola*) lehrbar zu machen. Glauben und Erkennen sollen nicht mehr Gegensätze sein, sondern die Glaubenswahrheiten sollen dem denkenden Menschen näher gebracht werden. Einer der Leitsätze der Scholastik lautet: *Intellego, ut credam* (Ich begreife, um zu glauben).

ihren Schülern zunehmend als etwas Eigenständiges zu fühlen: die Universität entsteht. Universitäten hat es vorher nicht gegeben, sie sind eine typische Erfindung des europäischen Mittelalters. Für die Universität in Paris gibt es dabei kein exaktes Gründungsdatum, doch zumindest zwei markante Punkte einer ebenfalls längeren Entstehungsgeschichte: 1208/1209 und 1215 erkennt Papst Innocenz III. den neuen Pariser Lehrbetrieb an. Das gibt den Magistern die Möglichkeit, mit Selbstbewusstsein gegen die Widerstände, die man ihnen in der Stadt vor allem von Seiten des Bischofs und des Kanzlers entgegenbringt, anzugehen. Schrittweise werden nun alle Organe entwickelt, die die Universität als eine eigenständige Institution braucht: eigene Statuten; Regelungen des Vorlesungsbetriebs; das Recht, selbstständig neue Mitglieder in den Lehrbetrieb aufzunehmen. Rechtlich gesehen sind dabei die frühen Universitäten nichts anderes als Zusammenschlüsse von Lehrern und Studenten. In der Sprache der Zeit heißt das: *universitas magistrorum et scholarium*, was der Universität bis heute den Namen gibt. Vorbild dieser Zusammenschlüsse sind dabei die städtischen Schwureinigungen, mit deren Hilfe es möglich ist, sich rechtliche Unabhängigkeit und Selbstverwaltung zu sichern.

Die andere Landschaft, in der im Europa des hohen Mittelalters die Universität entsteht, ist Oberitalien. Die Entstehungsbedingungen im Vergleich zu Paris sind insofern andere, als es hier immer kleinere Schulen gegeben hat, die nicht – wie etwa Kloster- und Kathedralschulen – geistlich geleitet und überwacht sind, sondern selbstständig wirken können. Es handelt sich hierbei um Lehrbetriebe, in denen vor allem das Trivium vermittelt wird und die letztlich dazu dienen sollen, Notaren und Richtern, die für die Ausübung ihres Berufes notwendigen Kenntnisse zu vermitteln. Bereits zum Ende des 11. Jhs. gibt es in einer dieser Schulen, in Bologna, Lehrer, die sich auf eine ganz besondere Weise für das römische Recht zu interessieren beginnen. Die frühesten Namen unter ihnen sind Pepo (um 1075) und Irnerius (1130); sie besitzen viele gute Nachfolger. Aus einer kleinen privaten Schule, die ursprünglich Notare und Richter ausbilden soll, wird somit eine Rechtsschule, die bald einen überregionalen Ruf besitzt und Studenten von weither anzieht. Als in den 50er Jahren des 12. Jhs. der römisch-deutsche König Friedrich Barbarossa durch Oberitalien zieht, sind es bereits so viele, die dort lehren, dass er sie durch ein besonderes Privileg in seinen Schutz nimmt (1155 oder 1158). Das Privileg („Habita") wird als **Authentica** in den **Codex Iustinianus** eingetragen.

Petrus Abaelard – ein Intellektueller des 12. Jhs. im Konflikt mit seiner Zeit

Geboren 1079 in Palais (Palet) bei Nantes, wird Petrus Abaelard von Risecelin, Wilhelm von Champeaux und Anselm von Laon, bedeutenden Lehrern der Logik und der Theologie seiner Zeit, in Paris ausgebildet. Abaelard – ein erfolgreicher, ja begnadeter Lehrer, der die Massen anzieht – gilt als einer der führenden Repräsentanten der Scholastik; er schafft für diese Denkrichtung eine feste Grundlage in dem Werk *Sic et non*. Abaelard entführt seine Schülerin Heloise und heiratet sie heimlich. Nach einem katastrophalen Ausgang dieser Affäre, zieht er sich zunächst als Mönch nach St. Denis und später in die Einsamkeit nach Nogent zurück. Dort erbauen ihm seine Schüler eine Art Bethaus (Paraklet). Abaelard übergibt dieses Haus Heloise, die inzwischen Nonne geworden ist. Nachweislich führt Abaelard mit Heloise eine Korrespondenz; bei dem Briefwechsel, der unter ihrem Namen erhalten ist, handelt es sich jedoch höchstwahrscheinlich um eine Fiktion (Erfindung). Nachdem er mehrere Jahre lang als Abt eines Klosters in der Bretagne gewirkt hat, nimmt er 1136 seine Lehrtätigkeit in Paris wieder auf, doch wird er stark angefeindet und auf einer Synode, die auf Veranlassung des Zisterzienserabtes Bernhard von Clairvaux einberufen wurde, offiziell verurteilt. Seine letzte Zuflucht findet Abaelard im burgundischen Kloster Cluny; er verfasst über sein Leben eine Autobiographie, die den bezeichnenden Titel *Historia calamitatum* trägt. Abaelard stirbt 1142.

Authentica Als *authenticae* bezeichnet man die kurzen Auszüge justinianischer Novellen, die die Glossatoren (Kommentatoren) neben die entsprechenden Stellen der Institutionen geschrieben haben; auf Befehl Barbarossas wird das Scholarenprivileg „Habita" als Authentica in den „Codex Iustinanus" eingereiht, der Sachverhalt wiederholt sich 1220 mit den Krönungsgesetzen Kaiser Friedrichs II.

Codex Iustinianus oder auch das „Justinianische Buch" genannt, ist eine Sammlung von kaiserlichen Konstitutionen (Gesetzen), die aus der Zeit von Kaiser Hadrian (116–138) bis zum Jahr 534 stammen. Der oströmische Kaiser Justinian (527–565) will damit ältere und noch gültige kaiserliche Konstitutionen (unter denen vor allem der Codex Theodosianus von 438 zu nennen ist) mit später erlassenen vereinigen; dabei sollen zahlreiche Widersprüche zwischen den Gesetzen, die sich mittlerweile ergeben haben, beseitigt und manches auch gestrafft werden. Justinian widmet sich diesem Ziel sehr früh und mit großer Energie: bereits 528 beruft er eine zehnköpfige Kommission, die sich der Aufgabe annehmen soll. Der Codex Iustinianus ist Teil eines umfassenden Gesetzgebungswerks Justinians, das man als **„Corpus iuris civilis"** bezeichnet.

Corpus iuris civilis Ein aus dem 12. Jh. stammender Ausdruck, der die unter Kaiser Justinian geschaffene Kodifikation des römischen Rechts bezeichnet. Das „Corpus iuris civilis" besteht aus folgenden Teilen: 1. den „Digesten" oder „Pandekten" (d. h. Auszügen juristischer Schriften aus dem 1. und 2. Jh. n. Chr.), 2. dem „Codex Iustinianus" (s. o.), 3. den „Institutionen" (d. h. einem Anfängerlehrbuch des Rechts), 4. den „Novellen" (d. h. neueren Gesetzen Justinians, nach Abschluss der Kodifizierung erlassen).

Aus einer Spezialschule für das klassische, römische Recht entwickelt sich die Universität Bologna.

Die mittelalterlichen Universitäten sind gegliedert in die *Artes*-Fakultät, in denen durch das Einüben der „Sieben Freien Künste" eine Art Grundstudium durchlaufen werden soll; und in die höheren Fakultäten mit den drei Fächern Theologie, Jura (d. h. römisches Zivil- und/oder Kirchenrecht) und Medizin. Diese drei höheren Fakultäten sind aber nicht überall vertreten. Eindeutig gibt es auch in der frühen Universitätslandschaft Europas Universitäten, die ganz bestimmte Schwerpunkte besitzen – so ist und bleibt beispielsweise Paris *das* Zentrum für Theologie (mit einem großen Einfluss auch auf politische Fragen); Bologna *das* Zentrum für das Recht usw. Für sein Königreich Sizilien, das die staufischen Herrscher Ende des 12. Jhs. von den Normannen in Besitz nehmen, gründet Kaiser Friedrich II. (1211/12–1250) 1224 in Neapel die erste „Staatsuniversität". Er will für seinen Staat, den er mit harter Hand regiert, ein leistungsfähiges, gut geschultes Beamtentum heranziehen; auch will er erreichen, dass die Landeskinder nicht mehr zum Studium ins Ausland gehen.

Während sich also im Süden und Westen Europas bereits im hohen Mittelalter bildungsgeschichtliche Revolutionen abspielen, entstehen die ersten Universitäten im römisch-deutschen Reich nördlich der Alpen relativ spät. Lange Zeit muss jemand aus Deutschland, der studieren will, eine Reise ins Ausland antreten – zumeist nach Italien oder Frankreich. 1348 jedoch gründet der römisch-deutsche König Karl IV. (1347–1378) in der Stadt Prag, die für ihn eine Art Hauptstadtfunktion besitzt, die erste Universität im Reich nördlich der Alpen. Weitere Universitäten in Deutschland werden in der Folgezeit von den Herzögen von Österreich 1365/85 in Wien, den wittelsbachischen Pfalzgrafen bei Rhein in Heidelberg 1385, den Markgrafen von Meißen in Leipzig 1409, den Herzögen von Mecklenburg in Rostock 1419, den Herzögen von Pommern 1456 in Greifswald gegründet usw. Jedes Land will seine eigene Universität besitzen; es braucht sie auch, denn durch Universitätsstudium juristisch geschultes Personal ist für den Verwaltungsapparat des spätmittelalterlichen Staates unumgänglich geworden. Ein Sonderfall ist die Gründung der Universität Leipzig 1409: Sie hängt zusammen, mit dem Auszug der deutschen „Nation" aus der Prager Universität. Neben den landesherrlichen Universitätsgründungen richten aber auch manche Städte – ein weiterer bedeutender Machtfaktor im römisch-deutschen Reich des

Karte 2: **Im hochmittelalterlichen Europa entstehen Universitäten, eine Bildungsrevolution ersten Ranges, der seither in der europäischen Geschichte kaum etwas Vergleichbares an die Seite gestellt werden kann. Die frühesten Universitäten formieren sich im 12. Jh. in Oberitalien (Bologna) und in Paris; andere Städte ziehen nach. Exakte Gründungsdaten zu nennen ist kaum möglich, denn es handelt sich in der Regel um längerfristige Prozesse. Bis ins 14. Jh. hinein gibt es noch eine freie Fläche: der Bereich des römisch-deutschen Reiches nördlich der Alpen. Die erste Universität wird hier 1348 durch Karl IV. in Prag gegründet.**

Spätmittelalters – Universitäten ein: Erfurt 1392, Köln 1388, Basel 1460, Trier 1473.

Doch nicht nur das „Oben" der Universitäten wird von den Städten bedacht, auch das „Unten" der Schule. Je wichtiger die Schriftlichkeit in der allgemeinen Verwaltung wird, desto stärker richten diese Städte gegen Ende des Mittelalters Lateinschulen ein, die Angehörigen der städtischen Oberschicht die notwendigen Kenntnisse in Lesen, Schreiben und Rechnen vermitteln sollen. Diese städtischen Lateinschulen leisten teilweise Beachtliches. Die Lateinschule der oberdeutschen Stadt Ulm etwa ist im 15. Jh. weit über die Grenzen der Stadt hinaus bekannt. Die Kenntnisse, die an ihr vermittelt werden, gelten als so fundiert, dass sie dem Besuch einer Universität gleichgestellt werden. Die Straßburger Lateinschule wird 1621 zur Universität erhoben.

6 Das Leben als Außenseiter

6.1 Aussätzige, Bettler, Ausübende unehrlicher Berufe

In der Gesellschaft des Mittelalters gibt es zahlreiche Randgruppen, also Menschen, die nicht oder zumindest nicht im vollen Sinn des Wortes in die Gesellschaft eingefügt sind; sie leben weit außerhalb aller Ordnungsvorstellungen, wie sie namentlich seit dem 11. Jh. in Umlauf gebracht werden und sich allen gesellschaftlichen Veränderungen zum Trotz bis zum Ende des Mittelalters halten. Drastisch geht die mittelalterliche Gesellschaft mit ihren Außenseitern um (die vor allem in den Städten, weniger auf dem Land zu finden sind). Um größtmögliche Abscheu, ja Ekel zu erzeugen, werden sie sogar herrenlosen Schweinen gleichgesetzt. Als 1419 der Londoner Stadtschreiber Johan Carpenter einen Codex anlegt, in dem er wichtige Texte zur Verfassung und Verwaltung seiner Stadt zusammenstellt, weil seiner Meinung nach zu oft in der Vergangenheit zusammen mit den Opfern immer wieder grassierender Seuchen auch das Wissen um die Ausübung eines Stadtregiments der Vergessenheit anheim fiel, da findet sich im vierten Teil seines Buches ein Abschnitt, der mit den Worten überschrieben ist: „Von Juden, Aussätzigen und Schweinen. Und Bestimmungen über starke Bettler in der Stadt". In dem betreffenden Abschnitt seines Codex, der auch unter dem Namen „Weißes Buch" bekannt ist, listet Carpenter eine ganze Reihe von Belegen dafür auf, dass seit dem

Expansion der Bildung

Die Einrichtung städtischer Lateinschulen ist Teil einer Bildungsexpansion, die sich seit dem hohen Mittelalter entfaltet. Motor der Expansion ist ganz wesentlich die Stadtgesellschaft und ihre Dynamik – auch die mächtige Geistesbewegung der italienischen Renaissance wird davon getragen (siehe die Einleitung). Ein weiterer wesentlicher Faktor im Fortschreiten dieser Expansion ist der in der Mitte des 15. Jhs. in Mainz von Johannes Gutenberg (eigentlich: Gensfleisch) (ca. 1400–1468) erfundene Buchdruck mit beweglichen Lettern. Zwischen 1452 und 1454 wird von Gutenberg die berühmte 42-zeilige Bibel in lateinischer Sprache gedruckt. Sie hat eine geschätzte Auflage von ca. 180 Exemplaren; bereits im Herbst 1454 werden anlässlich eines Reichstages in der Stadt Frankfurt am Main einige davon von einem „wundersamen Mann" (*vir mirabilis*) zum Kauf angeboten – hierbei handelt es sich möglicherweise um Gutenberg selbst. Rasch breiten sich die Druckorte aus. Für das 15. Jh. sind in Europa ca. 260 derartige Stätten belegt. Wichtige Druckorte des 15. Jhs. sind Straßburg, Köln, Rom, Basel, Augsburg, Nürnberg, Paris, Florenz, Mailand, Venedig (hier gibt es bis 1500 weit über 100 Druckereien), Lyon und Leipzig.

Die Ordnungsvorstellungen des Mittelalters

Die Menschen des Mittelalters versuchen, gesellschaftliche Verhältnisse zu deuten. Einer der bekanntesten Versuche, den es hierbei gibt, ist die um das Jahr 1000 entstehende Vorstellung von einer funktionalen Dreiteilung der Gesellschaft in die Stände Klerus, Krieger und Bauern. Jedem dieser drei Stände wird dabei eine jeweils spezifische Funktion, eine Aufgabe zugewiesen: der Klerus betet für das Seelenheil aller Menschen, die Krieger sorgen für die notwendige Landesverteidigung, die Bauern für die Ernährung. Diese Dreiteilung ist gottgewollt, sie ist ein Abbild des göttlichen *ordo* (der Grundordnung überhaupt). Jeder habe sich in diese Ordnung einzufügen. Dieses Modell, das vor allem von Bischof Adalbero von Laon († 1030) entwickelt wird, besitzt für die Menschen des Mittelalters eine so große Attraktivität und Überzeugungskraft, dass es jahrhundertelang alle gesellschaftlichen Veränderungen überdauert; es wird noch in der Frühen Neuzeit verbreitet. Aus dem späten 15. Jh. existiert ein Holzschnitt, der einen auf einem Regenbogen sitzenden Christus zeigt, der drei durch äußerliche Attribute eindeutig zu identifizierenden Personengruppen (Klerus, Krieger bzw. weltliche Herrscher, Bauern) zuruft: *Tu supplex ora, tu protege, tuque labora* („Du verrichte Gebete, du schütze und du arbeite"). Für das im Laufe des Mittelalters aufgekommene, selbstbewusste Bürgertum oder auch für den Kaufmann ist in diesem Schema (das nicht an Wahrnehmungsdefiziten leidet, sondern bewusst abstrahiert) kein Platz. Erst recht nicht für Randgruppen, die weit außerhalb aller Ordnung stehen.

13. Jh. im städtischen Schrifttum immer wieder angemahnt worden ist, jene Gruppen, die man am Rand der menschlichen Gesellschaft sieht, aus der Stadt London zu entfernen. Auch Huren und Frauen, die beim Ehebruch ergriffen worden sind, werden in diesem Zusammenhang genannt.

Die erste Gruppe, die Carpenters Bericht nennt, die Juden, nehmen unter den Außenseitern eine Sonderstellung ein (sie werden in einem eigenen Teilabschnitt behandelt; s. u., S. 54–59). Die zweite Gruppe sind die Aussätzigen. Vor ihnen hat die Gesellschaft große Angst, weil ihre Krankheit stark ansteckend ist; sie werden deshalb nicht in normalen Spitälern untergebracht, sondern in Siechenhäusern, die vor den Mauern der Stadt angesiedelt sind. Der Bericht Carpenters nennt auch „Bettler", also Menschen, die sich nicht selbst versorgen können und, um zu überleben, auf Zuwendungen anderer angewiesen sind. Zu berücksichtigen ist hierbei, dass sich die Einstellung gegenüber Armen im Laufe des Mittelalters stark verändert. Im frühen Mittelalter ist es eine der wichtigsten Aufgaben der Kirche und des Königtums, für Menschen, die in Armut leben, zu sorgen; man fragt nicht nach den Ursachen von Armut, sondern sieht diese vielmehr als unumgänglichen Teil der göttlichen Weltordnung an. Doch immer mehr unterscheidet man im Laufe des Mittelalters zwischen Menschen, die – aus welchen Gründen auch immer – unschuldig in Not geraten und „Nichtsesshaften" oder Obdachlosen. Letztere werden in manchen Teilen Europas unter die Kontrolle eines Bettelvogts gestellt, der sie zu beaufsichtigen hat; nur für begrenzte Zeit dürfen sie in einer Stadt betteln, dann müssen sie deren Bereich wieder verlassen. Die Angst geht um, dass es sich bei vielen dieser Bettler schlichtweg um Betrüger handelt (was manchmal auch tatsächlich der Fall ist). Nicht selten gerät so jedoch Armut grundsätzlich in den Verdacht der Kriminalität.

Neben Krankheit und Bettelei werden Außenseiter im Mittelalter auch durch die Ausübung bestimmter Berufe definiert, die als „unehrlich" angesehen werden. Als unehrlich empfindet man diese Berufe deshalb, weil ihre Ausübenden entweder keinen festen Wohnsitz haben, oder weil mit Schmutz und Blut verbundene Handlungen an Menschen und Tieren damit verbunden sind oder weil man meint, dass man sich mit ihnen auf eine ungerechtfertigte Weise bereichert. Die Liste dieser unehrlichen Berufe ist lang: Henker, Prostituierte, fahrende Spielleute, Barbiere, Bader, Bademägde, Schinder, Abdecker, Totengräber, Nachtwächter, Turmhüter, sie alle zählen dazu; und viele andere mehr. Wer einen dieser Berufe ausübt oder ausüben muss, besitzt kaum oder gar kein soziales Prestige; er

Abb. 7: **Die Tätigkeit des Henkers wird von der mittelalterlichen Gesellschaft als unmoralisch angesehen. Wer einen solchen Beruf ausübt, wird ausgegrenzt. Diese Ausgrenzung ist sicherlich zwiespältig, denn die meisten dieser Tätigkeiten werden von der Gesellschaft gebraucht bzw. sind, was die Vollstreckung eines Todesurteils angeht, die Konsequenz bereits zuvor gefasster Beschlüsse.**

wird von anderen gemieden. In vielen Fällen hat er vor Gericht nur eine eingeschränkte Rechtsfähigkeit.

Auf eine ganz besondere Weise innerhalb dieser Gruppe (im negativen Sinne) hervorgehoben ist der Henker. Er ist dazu gezwungen, eine auffällige Kleidung zu tragen, die ihn schon von weitem als Angehörigen dieser Berufsgruppe zu erkennen gibt. Heiraten darf er – jedoch nur eine Henkerstochter. Selbst ein Mindestmaß an sozialer Integration – das Betreten eines Wirtshauses – kann dem Henker untersagt werden, und zwar dann, wenn ein anderer Gast dieses Wirtshauses etwas dagegen hat. Doch selbst, wenn dies nicht der Fall ist, wird dem Henker im Wirtshaus seine Sonderstellung bewusst, denn in der Regel wird er von den normalen Gästen separiert. Man zwingt ihn, an einem speziellen Tisch Platz zu nehmen; der Schemel, den man ihm zuweist, ist dreibeinig. Nicht selten herrscht in den Städten des Mittelalters ein Mangel an Henkern. Aus der Stadt Wien des Jahres 1485 wird berichtet, dass im Morgengrauen aufgrund eines Urteils des Wiener Stadtrichters vier böhmische Söldner enthauptet werden sollen, die ihren Hauptmann umgebracht haben. Es gibt jedoch zu dieser Zeit keinen Henker in der Stadt. So muss die Vollstreckung des Urteils einem ihrer Kameraden anvertraut werden. Ihm wird dafür das Leben geschenkt.

6.2 Die Juden

Zu den Außenseitern der mittelalterlichen Gesellschaft gehören schließlich auch die Juden, die ursprünglich ein orientalisches Volk sind und seit der Antike in der **Diaspora** leben. Zu berücksichtigen ist dabei, dass bei allen Benachteiligungen, Verfolgungen und Leiden, die die Juden im Mittelalter erfahren, die jüdische Religion die einzige nichtchristliche ist, die im christlichen Europa überhaupt geduldet wird. Zu dieser prinzipiellen Duldung trägt vor allem die Tatsache bei, dass die Juden als „lebendige Zeugen" der christlichen Botschaft gelten. Das europäische Judentum lässt sich einteilen in **das aschkenasische und das sefardische Judentum**; beide sind durch bestimmte Besonderheiten in Sprache und kultureller Identität voneinander geschieden.

Eine ungebrochene jüdische Kontinuität von der Antike bis ins Mittelalter gibt es für viele Städte in Italien und in Südfrankreich.

Jüdische Ansiedlungen auf dem Gebiet des späteren Deutschland sind zwar auch bereits für die Römerzeit bezeugt; es ist aber unsicher, ob die

Die jüdische Diaspora Der Begriff „Diaspora" kommt aus dem Griechischen und bedeutet so viel wie „Zerstreuung" im Sinne einer Entfernung von der ursprünglichen Heimat; er bezeichnet eine der Grundbedingungen in der Geschichte des Judentums. Nachdem die Juden als orientalisches Volk, das das Land Israel bewohnt, um ca. 1000 v. Chr. in die (bezifferbare) Geschichte eingetreten sind, hat diese Gemeinschaft im Verlaufe seiner weiteren Entwicklung schon früh die Erfahrung gemacht, was es bedeutet, in fremde Herrschaften und Kulturen eingebunden zu werden (z. B. im „Babylonischen Exil", d. h. der Deportation der jüdischen Oberschicht durch den neubabylonischen König Nebukadnezar II. 587 v. Chr.). Nach der Heimkehr der Juden und dem Bau des Zweiten Tempels (515 v. Chr.) in Jerusalem, wird dessen Zerstörung durch die Römer 70 n. Chr. zur traumatischen Erfahrung dieses Volkes. Judaea wird zur „besonderen Provinz" der Römer, das staatliche Leben der Juden hört zu existieren auf. Doch es entstehen neue Formen des jüdischen Lebens. In Mischnah (hebr. „Unterweisung"; d. h. eine Sammlung jüdischer Gesetzeslehren aus dem 2. Jh. n. Chr.) und Talmud (hebr. „Lehre"; d. h. Sammlung der Gesetze und religiösen Überlieferungen des nachbiblischen Judentums) schafft sich das Judentum die Grundlagen für eine Existenz, die nicht mehr an den Tempeldienst und an Jerusalem gebunden sind. Die jüdische Diaspora breitet sich auch in Gegenden außerhalb des Nahen Ostens aus.

Aschkenas Aschkenas ist eigentlich der Name eines in der Bibel (Genesis 10,3) erwähnten Volkes: „Die Söhne Gomers sind diese: Aschkenas, Rifart und Togarma". Im Mittelalter ist Aschkenas die hebräische Bezeichnung für Deutschland und Nordostfrankreich. Seit dem späten 11. Jh. schließt der Begriff auch die nach Ostmittel- und Osteuropa geflohenen Juden ein. Der Gegenbegriff zu Aschkenas ist Sefarad.

Sefarad Sefarad ist ursprünglich eine Landesbezeichnung der Bibel (Obadia 20): „Und die Weggefährten von Israel werden die Städte der Kanaaiter bis nach Zarpat besitzen, und die Weggefährten von Jerusalem, die in Seferad sind, werden die Städte im Südland besitzen". Der Begriff wird schon früh als hebräischer Name für die Iberische Halbinsel gebraucht. Als „Sefardisch" bezeichnet man die vom spanisch-portugiesischen Judentum geprägte Kultur, die im Gegensatz zur aschkenasischen steht.

hier angesiedelten jüdischen Gemeinden das Ende des römischen Reiches und die Wirren der Völkerwanderungszeit überlebt haben oder ob sie sich – durch Zuzug aus Italien oder Frankreich – im Frühmittelalter wieder neu formieren müssen. Nachweislich gibt es jedoch ein aktives Judentum nördlich der Alpen wieder in der Karolingerzeit. Die Herrscher des Frankenreichs betreiben eine judenfreundliche Politik; die Juden gelten als Freie, sie dürfen Grund und Boden erwerben und Waffen tragen. Sowohl Kaiser Karl der Große (768–814) als auch sein Sohn und Nachfolger Ludwig der Fromme (814–840) nehmen die Juden ausdrücklich in ihren **Schutz**. Viele Juden im Frankenreich sind als Fernhändler bezeugt; sie führen Waren aus dem Frankenreich aus und bringen aus dem Orient kostbare Gegenstände, Gewürze und Arzneien nach Europa zurück.

Nach dem Zerfall des Frankenreichs erleben die jüdischen Gemeinden am Rhein – vor allem die **SchUM-Städte** Speyer, Worms und Mainz – eine einzigartige wirtschaftliche und kulturelle Blüte. Die Gemeinden sind in der Regel in eigenen Vierteln angesiedelt, auch wenn es noch keine strenge Ghettoisierung gibt; es ist durchaus möglich, dass auch Nichtjuden (etwa Leute, die ihr Eigentum verloren haben) im Judenviertel wohnen. In diesen Vierteln haben die Juden all das, was für ihr soziales und religiöses Leben unverzichtbar ist: die Synagoge, den eigenen Friedhof, eine **Mikwe**, eigene Schulen. Berühmt sind die Juden für ihre Schulen; sie sind hierin dem Christentum weit überlegen. In Mainz, also in einer der SchUM-Städte, lehrt um die Jahrtausendwende Gerschom ben Jehuda (960–1028/40). Er verfasst zahlreiche ethische und juristische Schriften, die für das Judentum Europas von großer Bedeutung sind. Es spricht für sein überragendes Ansehen, dass er von nachfolgenden Generationen den Ehrentitel „Licht des Exils" bekommt. Ein ähnliches „Licht", das heißt, eine herausragende Gestalt des mitteleuropäischen Judentums, ist auch der 1040 in der französischen Stadt Troyes geborene Rabbi Salomo ben Isaak, genannt Raschi, der in Worms seine Ausbildung empfängt. Christen und Juden grenzen sich auch im frühen Mittelalter bereits voneinander ab, doch immer wieder gibt es – auch unabhängig von geschäftlichen Beziehungen – Zeugnisse eines Zusammenlebens: als 1075 der Kölner Erzbischof Anno stirbt, beklagen die Juden seinen Tod in der Synagoge.

Fast mit einem Schlag ist dies alles zu Ende, als es im Laufe des Ersten Kreuzzugs 1096–1099 (Bd. 2, S. 186–194) zu schrecklichen Ausschreitungen gegen die rheinischen Judengemeinden kommt. Ungezügelte Horden, die sich im Vorfeld des offiziellen Aufbruchs zum Kreuzzug zusammenrotten,

Judenschutzprivilegien Wiederholt werden die Juden in ihrer Gesamtheit oder bestimmte jüdische Gruppen im besonderen durch fränkische und römisch-deutsche Könige und Kaiser oder Bischöfe „privilegiert", d. h. sie bekommen Urkunden ausgestellt, in denen sie auf besondere Weise in Schutz gestellt werden. Die wichtigsten Judenschutzprivilegien des Mittelalters sind 1. der Schutzbrief Kaiser Ludwigs des Frommen für Rabbi Domatus und seinen Neffen Samuel (vor 825), 2. der Freiheitsbrief des Speyerer Bischofs Rüdiger Hutzmann für die Speyrer Juden von 1084, 3. das Privileg Kaiser Heinrichs IV. für die Juden von Speyer von 1090, 4. das Privileg Kaiser Friedrich Barbarossas für die Juden von Worms von 1157 (stellt eine fast wörtliche Wiederholung des Privilegs für die Juden von Speyer dar), 5. das Privileg Kaiser Friedrichs II. für die Juden in ihrer Gesamtheit von 1236.

SchUM-Städte Die Städte Speyer, Worms und Mainz, in denen es im Mittelalter bedeutende jüdische Gemeinden gibt. Der Name wird gebildet aus den hebräischen Anfangsbuchstaben dieser Städte. Die SchUM-Städte sind auch heute noch allen Juden in der Welt bekannt.

Mikwe Wörtl. „Wasseransammlung", das heißt: das rituelle Tauchbad der Juden, das den Zustand von Menschen (aber auch von Geräten) vom Unreinen zum Reinen verändern soll. Neben Synagoge und Friedhof ist die Mikwe zentraler Bestandteil des jüdischen Lebens. Da die rituellen Bestimmungen eine Reinigung in „lebendigem" Wasser (also Grundwasser) vorschreiben, graben die Juden in ihren städtischen Ansiedlungen oftmals tiefe Schächte, um den Grundwasserspiegel zu erreichen; gleichzeitig ist die Errichtung einer Treppenanlage erforderlich, um den wechselnden Wasserstand auszugleichen.

Ritualmord Ein häufiger Vorwurf, der den Juden im Mittelalter gemacht wird, lautet, sie töteten Menschen (besonders christliche Knaben), um deren Blut für rituelle Zwecke zu verwenden. 1236 setzt Kaiser Friedrich II. eine Untersuchungskommission ein, die die Juden von diesem Vorwurf reinigt – ohne Erfolg. Der Vorwurf taucht immer wieder auf und führt zu antijüdischen Ausschreitungen mit nicht selten Hunderten von Toten. Besonders heftige antijüdische Ausschreitungen entstehen nach dem Tod des „Guten Werner" zu Oberwesel am Rhein von 1287 und dem des Simon von Trient von 1475.

Hostienfrevel Neben dem „Ritualmord" ein zweiter stereotypartig gebrauchter Vorwurf, der den Juden im Mittelalter seit dem 13. Jh. gemacht wird. Man beschuldigt die Juden, sie stehlen Hostien, um sie dann zu durchstechen, zu zertreten oder zu verbrennen. Wie der Ritualmordvorwurf ist auch der angebliche Hostienfrevel, der in keinem Fall bewiesen werden kann, vielfach Anlass zu schweren Ausschreitungen gegen die Juden. Der früheste bekannte Vorwurf des Hostienfrevels ist 1290 in Paris belegt.

suchen die rheinischen Judengemeinden heim. Die Alternative vor der die Juden gestellt werden, heißt „Taufe oder Tod". Da die meisten die Taufe ablehnen, kommt es entweder zu Zwangstaufen oder es werden – wie in Mainz oder Worms – die Juden fast vollständig ermordet. Auch im Rahmen des Zweiten Kreuzzugs 1146–1149 kommt es zu Ausschreitungen, doch sind sie diesmal weniger stark. Der Zisterzienserabt Bernhard von Clairvaux tritt den Hetzpredigten gegen die Juden persönlich entgegen und hilft Schlimmeres zu verhindern.

Dennoch beginnt sich durch die Ausschreitungen gegen die Juden im Rahmen des Ersten und Zweiten Kreuzzugs deren Selbstverständnis zu verändern. Noch im 12. Jh. kommt es gegen sie zu Beschuldigungen des **Ritualmords** (S. 57), die sich im 13. Jh. verstärken und sich mit großer Hartnäckigkeit halten. Dazu treten Vorwürfe von **Hostienschändungen** (S. 57), die immer wieder zu schweren Anfeindungen führen. Die Verfolgungen, die davon ausgehen, führen in den jeweiligen Gemeinden zu Hunderten von Toten. Zu den schlimmsten Verfolgungen der Juden im Mittelalter kommt es jedoch in den Jahren der Pestkatastrophe 1348–1351. Als die Menschen durch die aus Asien eingeschleppte Pestepidemie zu Tausenden sterben und niemand die Ursache dafür erklären kann, findet man in den Juden einen idealen Sündenbock bzw. Blitzableiter. In mehr als 400 jüdischen Gemeinden des römisch-deutschen Reiches werden zur Zeit der Pest die Juden verfolgt. Zumeist werden sie zusammengetrieben und ohne Gerichtsurteil verbrannt. Die Pogrome gehen dabei in der Regel nicht von der Obrigkeit aus; jedoch schaut sie zu, ohne wirkungsvoll einzugreifen. Nach dem Ende der Pestzeit findet die blutigste Verfolgung der Juden im römisch-deutschen Reich 1420/21 in Wien sowie an ca. 20 anderen Orten in der Umgebung statt; es kommt dabei zu Plünderungen, zu Hinrichtungen und zu Vertreibungen.

Die umfangreichste Vertreibung von Juden im Mittelalter ereignet sich 1492 in Spanien. Als zu Beginn des Jahres die Iberische Halbinsel, die im 8. Jh. n. Chr. von den Arabern erobert worden ist, mit der Kapitulation Granadas wieder vollständig in christliche Hand gerät, wird durch ein Edikt vom 31. März 1492 die Ausweisung der Juden angeordnet. Etwa 150 000 wandern noch im Sommer dieses Jahres aus; die meisten gehen nach Nordafrika oder ins Osmanische Reich. Die reichste Gemeinde Europas ist damit vernichtet. Viele in der jüdischen Welt sehen den Untergang des spanischen Judentums als Katastrophe an. Die Endzeit und damit das Erscheinen des Messias, so meint man, könne jetzt nicht mehr fern sein.

Abb. 8: Vor allem seit dem Ersten Kreuzzug 1096–1099 kommt es in Mitteleuropa immer wieder zu Exzessen gegen die Juden. Die Ausschreitungen nehmen unter anderen Vorzeichen im Spätmittelalter stark zu. Die Illustration aus der Weltchronik des Hartmann Schedel aus dem späten 15. Jh. zeigt die Verbrennung von Juden in einer Grube.

II Die Völkerwanderung (375–ca. 600)

1 Die Goten

Im Jahre 375 überschreiten Scharen des asiatischen Reitervolks der Hunnen den Don, der in Mittelrussland entspringt und südwestlich des heutigen Rostov in das Asovsche Meer mündet. Begleitet und unterstützt werden sie dabei von Angehörigen des indogermanischen Volkes der Alanen, das kurz zuvor von den Hunnen unterworfen und in ihre Dienste gestellt worden ist. Mit der Überschreitung des Don ist dem westlich des Flusses in den Ebenen nördlich des Schwarzen Meeres lebenden Volk der **Greutungen-Ostrogothen** der Krieg erklärt. Sie bilden den östlichen Teil einer größeren Volksgruppe; der westliche, der am Karpatenbogen lebt, ist mit dem Namen **Terwingen** belegt. Diese größere Volksgruppe, der die beiden Abteilungen zuzurechnen sind, ist unter dem Namen Goten bekannt geworden.

Ihre **Ethnogenese** ist äußerst kompliziert. Historisch greifbar sind die Goten erstmals im Jahr 238. Damals sollen sie von ihren Sitzen im Gebiet des heutigen Rumänien aus in die römischen Provinzen südlich der unteren Donau eingefallen sein und diese verwüstetet haben. Die Goten selbst haben sich im 6. Jh. durch Cassiodor eine Herkunftsgeschichte gegeben. Sie ist uns in einem redigierten Auszug des Goten **Jordanes** (S. 63) erhalten geblieben. Danach sollen sie um 1500 v. Chr. unter ihrem König Berig die Insel Skandia (wohl Skandinavien) auf Schiffen verlassen haben und an der südlichen Ostseeküste gelandet sein. Von dort aus seien sie nach etwa fünf Generationen in den Raum der heutigen Ukraine weiter gezogen. Auch wenn für einzelne Sippen eine skandinavische Abkunft angenommen werden kann, so ist doch auf weiten Strecken die im Bericht von **Cassiodor**/Jordanes dargebotene Herkunftsgeschichte eine Fabel.

Wahrscheinlich stellen die im 1. Jh. greifbar werdenden Gutonen, die zwischen Oder und Weichsel zu lokalisieren sind, die Vorläufer der Goten dar. Um die Mitte des 2. Jhs. begann ihre „Wanderung", d. h. Ausbreitung nach Südosten hin zum Schwarzen Meer. Während dieser „Wanderung" und an den neuen Siedlungsplätzen ist es sicherlich zur Verschmelzung mit anderen Völkerschaften gekommen. So entstand ein neues Volk, die

Die „Völkerwanderung"

Der Begriff „Völkerwanderung" entsteht im 18. Jh. Nach gewissen Vorstufen der Begriffsbildung in den Jahrzehnten zuvor, ist es Michael Ignaz Schmidt, der 1778 in seiner „Geschichte der Deutschen" erstmals von „Völkerwanderung" im Singular redet, wenn er auch den Begriff noch mit dem Adjektiv „so genannt" versieht. Ungeachtet der Kritik, die bereits 1750 in Zedlers Universallexikon gegenüber der Vorstellung geäußert wird, ganze Völker seien samt „Kind und Kegel, Zick und Beck" auf Wanderschaft gegangen, setzt sich der Begriff im Laufe des späten 18. Jhs. und des 1. Drittels des 19. Jhs. weitgehend durch. Er bezeichnet die durch den Vorstoß der Hunnen in die Ukraine (375) in Gang gesetzten Einfälle germanischer Stämme ins römische Reich vom 4. bis zum 8. Jh. und die germanischen Staatsgründungen auf dem Gebiet dieses Reiches. Er grenzt damit diese Ereignisse bewusst von der Frühzeit des germanisch-römischen Verhältnisses und vor allem von früheren Wanderungsbewegungen von Germanenstämmen, wie etwa denjenigen der Kimbern und Teutonen (um 100 v. Chr.), ab. Eine unter dem Einfluss der Erfahrungen der zwei Weltkriege des 20. Jhs. entstehende Theorie sieht in den „Barbareninvasionen" die Hauptursache für den Untergang der römischen Zivilisation. Diese sei, so heißt es hier einmal, keines natürlichen Todes gestorben, sie sei ermordet worden. Die Geschichtswissenschaft seit dem späten 20. Jh. blickt dagegen hauptsächlich auf die Fähigkeit der Germanenreiche, sich in der römischen Welt einzurichten und betont die kontinuitätssichernden Merkmale ihrer Herrschaftsbildungen.

Greutungen „Steppen- und Strandbewohner"

Ostrogothen „Die glänzenden oder Sonnenaufgangs-Goten"

Terwingen „Waldleute"

Ethnogenese Entstehungsgeschichte eines Volkes; zumeist (aber nicht ausschließlich) bedingt durch Wanderung, auf dieser Wanderung stattfindender Eroberung von neuem Land und seinen Bewohnern und somit Überlagerung mit anderen ethnopolitischen Verbänden.

Cassiodor ist ein aus Bruttium (Italien) stammender Gelehrter und Staatsmann, der von ungefähr 490 bis ungefähr 580 lebt; er bekleidet unter dem Ostgotenkönig Theoderich hohe Staatsämter: er ist Quaestor, Konsul, *praefectus praetorio* und *patricius*. 555 gründet Cassiodor das Kloster Vivarium, das ein Bildungszentrum ersten Ranges ist. Seine „Variae" in zwölf Büchern stellen eine Einführung ins theologische und weltliche Wissen seiner Zeit dar.

Goten. Sie werden bereits in der Antike von den übrigen Germanenstämmen unterschieden.

1.1 Die Westgoten

Der Hunneneinfall bedeutet für die Herrschaft der Greutungen-Ostrogothen das Ende. Ihr Reich wird zerstört, ihr König Ermanarich begeht Selbstmord. Doch die Hunnen bleiben bei der Eroberung dieses Reiches nicht stehen. Im Folgejahr (376) greifen sie die westlich davon lebenden Terwingen unter deren König Athanarich an. In ihrer Bedrängnis stoßen die Terwingen daraufhin bis zur Donau, der Grenze zum römischen Reich, vor. Noch im selben Jahr erteilt ihnen der römische Kaiser Valens (364–378) die Erlaubnis, sich auf dem Gebiet des römischen Reiches anzusiedeln.

Auf römischen Schiffen überqueren sie die Donau. Ihre Aufnahme bildet einen Einschnitt in der Geschichte der Goten, denn sie bedeutet die Entstehung eines neuen Volkes: der Westgoten. Der Werdeprozess dieses Volkes dauert rund vierzig Jahre. Die Aufnahme ins römische Reich ist zwar römischerseits aus freien Stücken erfolgt, es kommt jedoch bald zu Spannungen. Sie führen zu einem Aufstand der Westgoten, die am 9. August 378 den Römern bei Adrianopel in einer offenen Schlacht gegenüber stehen. In dieser Schlacht, die mit einer katastrophalen Niederlage der Römer endet und in der manche Römer später den „Anfang allen Unglücks" sehen, fällt Kaiser Valens.

Doch in der Folgezeit finden beide Seiten wieder zusammen, sogar enger und folgenreicher als zuvor. Denn am 3. Oktober 382 schließt der römische Kaiser Theodosius (379–395) mit den Westgoten unter ihrem Anführer Fritigern einen regelrechten Vertrag (*foedus*). Darin wird es den Westgoten erlaubt, sich in autonomen Gauverbänden in der im heutigen Bulgarien gelegenen Provinz Moesien anzusiedeln. Als Verbündete (*foederati*) des römischen Reiches sind sie nun verpflichtet zum Heeresdienst und zum Grenzschutz. Im Gegenzug werden sie mit dem Privileg der Steuerfreiheit ausgestattet.

Unter Fritigern vollzieht die Mehrzahl der unter seiner Oberhoheit stehenden Goten einen weiteren folgenreichen Schritt. Maßgeblich betrieben durch das jahrzehntelange Bekehrungswerk des Gotenbischofs **Wulfila** (= kleiner Wolf) (S. 65) treten sie zum christlichen Glauben über, den sie in seiner **arianischen Ausprägung** (S. 65) übernehmen. Die Goten treten

Quelle: Die Herkunft der Goten in der Cassiodor folgenden Schilderung des Jordanes († vermutl. Sommer 552) (Getica)

Von dieser Insel Scandza also sollen einst wie aus einer Werkstatt der Völker oder einer Mutter der Nationen die Goten mit ihrem König Berig ausgefahren sein. Sobald sie ihre Schiffe verließen und ans Land stiegen, gaben sie demselben sogleich ihren Namen. Denn noch heute heißt, wie man erzählt, dort ein Land Gothiscandza. Von da rückten sie später vor ins Land der Ulmi-Rugier, die damals an den Meeresküsten saßen, zogen gegen sie zu Felde, lieferten ihnen eine Schlacht und vertrieben sie aus ihrer Heimat. Ihre Nachbarn, die Vandalen, unterwarfen sie schon damals und nötigten sie durch ihre Siege zum Anschluss. Als nun die Zahl des Volkes immer mehr zunahm und ungefähr der fünfte König nach Berig herrschte, nämlich Filimer, der Sohn des Gadarich, fasste dieser den Entschluss, dass das Heer der Goten mit Weib und Kind auswandern solle. Als er nach geeigneten Wohnsitzen und passenden Gegenden suchte, kam er in die Lande von Scythien, welche in ihrer Sprache Oium heißen. Die fruchtbaren Gegenden gefielen dem Heer. Da brach jedoch, nachdem schon die Hälfte die Brücke überschritten hatte, welche über den Fluss führte, diese zusammen und man konnte sie nicht wiederherstellen; so konnte niemand mehr hinüber oder herüber. Denn jene Gegend ist, wie erzählt wird, von einem Abgrund mit unsicherem Moor umgeben, und die Natur hat sie so auf doppelte Art unwegsam gemacht. Noch bis auf den heutigen Tag aber lassen sich dort Stimmen von Herden vernehmen, und man hat Anzeichen von dem Vorhandensein von Menschen entdeckt, wie man nach dem Zeugnis der Wanderer, welche es zwar nur aus der Ferne vernommen haben, glauben darf. Der Teil der Goten also, der unter Filimer über den Fluss setzte und nach Oium kam, bemächtigte sich des ersehnten Bodens. Gleich darauf kamen sie zu dem Volk der Spaler, lieferten ihnen eine Schlacht und gewannen den Sieg. Im Siegeslauf gelangten sie dann bis an den entferntesten Teil Scythiens, der an den Pontus grenzt, wie das in ihren alten Liedern insgemein fast nach der Art eines Geschichtsbuches erzählt wird.

Jordanes Ein Historiker gotischer Herkunft, der im 6. Jh. lebt und sich wegen seines mangelhaften Lateins selbst als *agramatus* (d. h. ohne tiefere Kenntnis der lat. Sprache) bezeichnet. In seiner „Getica" (*De origine actibusque Getarum*) exzerpiert er die – heute verlorene – Gotengeschichte des Cassiodor, die grundlegende Informationen zur Herkunft und zum Selbstverständnis der Goten enthält. Die Getica ist um 550 in Konstantinopel entstanden. Möglicherweise handelt es sich bei ihr um eine propagandistische Auftragsarbeit des Exulantenkreises, der in der Stadt am Bosporus auf eine Rückkehr in die italische Heimat hofft, die durch die Feldherrn Kaiser Justinians (527–565) zurückerobert worden ist. Im Vergleich mit seiner Getica von nur geringem Wert ist seine *Romana*, eine römische Geschichte, die bis 551 reicht. Zweifelhaft erscheint die Identifizierung des Jordanes mit dem gleichnamigen Bischof der süditalienischen Stadt Kroton (Crotone).

damit in einen bedeutungsvollen und für ihre kulturelle Identität überaus wichtigen Gegensatz zum römischen Reich, in dem 391 der christliche Glaube in der katholischen Form („jungnicäanische Orthodoxie") zur Staatsreligion erhoben wird.

Schon 395 wird der Föderatenvertrag durch Arcadius (395–408), der seit der Teilung des römischen Reiches von 395 in ein Westreich und ein Ostreich das Imperium im Osten regiert, aufgekündigt. Es kommt zur Erhebung der Westgoten unter Alarich, dem König ihres Volkes seit 391. Ungefähr seit dem Jahr 400 ziehen die Westgoten unter Alarich von Illyricum nach Oberitalien und belagern Mailand (401), die damalige Kaiserresidenz im Westen. Daraufhin verlegt der Kaiser des Westens, Honorius (395–423), die Residenz in das durch Sümpfe geschützte Ravenna. In Rom, trotz realem Machtverlust noch immer ideeller Mittelpunkt des Reiches, begreift man die Gefahr und lässt die von Kaiser Aurelian im 3. Jh. nach Chr. errichteten Stadtmauern verstärken. Zwischenzeitliche Erfolge des Westreichs gegen Alarich und seine Truppen werden wesentlich dem Reichsfeldherrn Stilicho verdankt; dieser, Sohn eines Vandalen und einer Römerin, besitzt größten Einfluss auch auf den Kaiser selbst und steigt zum wahren Gegenspieler Alarichs auf. 402 ziehen die Westgoten zunächst aus Italien nach Illyricum ab; hier siedeln sie sich an der Save an. Doch 408 fallen sie erneut in Italien ein und belagern erstmals Rom; gegen Bezahlung einer Kontribution, zu der Stilicho rät, ziehen sie wieder ab.

Doch am 24. August 410 gelingt die Eroberung Roms durch Alarich; angeblich durch Verrat soll eines der Stadttore geöffnet worden sein. Zum ersten Mal seit Jahrhunderten, seit den Kelten unter ihrem Anführer Brennus (387 v. Chr.), sehen die Römer wieder fremde Truppen in den Straßen ihrer Stadt. Drei Tage lang plündern die Westgoten Rom. Große Reichtümer fallen ihnen in die Hände, darunter wohl auch Teile des legendären jüdischen Tempelschatzes, der 70 n. Chr. vom späteren Kaiser Titus erbeutet und an den Tiber gebracht worden ist. Galla Placidia, die Schwester des Kaisers Honorius, wird als Geisel genommen und aus der Stadt verschleppt. Den Zeitgenossen gilt die Eroberung Roms als Menetekel für den Untergang der Welt. „Was bleibt heil, wenn Rom fällt?", fragt der Kirchenvater **Hieronymus** schon ein Jahr vor dem Ereignis (409), und **Augustinus** (S. 67), ein anderer Kirchenvater, stuft in seinem Werk über den „Gottesstaat" den Fall Roms als heilsgeschichtliches Ereignis ein.

Nach dem Abzug aus Rom ziehen Alarich und die Westgoten nach Süditalien; man bereitet den Sprung nach Nordafrika mit seinen lockenden

Wulfila Wörtl. übersetzt „Wölfchen"; ca. 311 als Sohn eines gotischen Vaters und einer griechisch-christlichen Mutter geboren; seine Mutter ist eine „Raubzugsbeute" der Goten. Wohl 341 wird Wulfila auf der Synode von Antiochia zum „Bischof der Christen im getischen Lande" geweiht. Es muss dabei offen bleiben, ob seine Zuständigkeit sich nur auf die gotischen Christen oder auch die christlichen Nichtgoten unter gotischer Herrschaft bezieht. Wulfila übersetzt die Bibel ins Gotische; er muss dazu ein Buchstabensystem dieser Sprache entwickeln. Von der Wulfila-Bibel entsteht im 6. Jh. bei den Ostgoten der sog. „Codex Argenteus", der heute in Uppsala (Schweden) aufbewahrt wird. Wulfila stirbt 382 oder 383.

Der Arianismus

Der Arianismus trägt seinen Namen nach dem alexandrinischen Presbyter Arius im 4. Jh.; die Person des Arius und die von ihm und seinen Anhängern verfochtene Lehre betrifft eine zentrale Frage der christlichen Theologie und beschäftigt das spätantik-frühmittelalterliche Christentum für Jahrhunderte. Arius und seine Anhänger vertreten die Auffassung, dass Christus Gottvater nur wesensähnlich, nicht dagegen gottgleich sei. Gottsohn wird Gottvater streng untergeordnet; der „Logos", d. h. der Sohn ist nur ein Geschöpf des Vaters. Arius sagt: „Einen Anfang hat der Sohn, Gott aber ist ohne Anfang. Der Logos (Sohn) ist in jeder Beziehung dem Wesen des Vaters fremd und unähnlich. Es gab eine Zeit, in der er nicht vorhanden war, und er war nicht vorhanden, bevor er wurde." Gegen den Arianismus stellt sich das von Kaiser Konstantin (306–337) 325 in Nicaea (Kleinasien) einberufene „Erste Konzil von Nicaea", das erste der vier großen ökumenischen Konzilien, also allgemeinen Kirchenversammlungen des Altertums. Es stellt die ‚Wesensgleichheit' des Sohnes mit dem Vater fest, formuliert das trinitarische (dreieinige) Glaubensbekenntnis und verurteilt die Lehren des Arius als Häresie (Ketzerei). Die Goten schließen sich mit ihrem Übertritt zum Christentum im Kern der arianischen Lehre an. Dabei ist jedoch zu beachten, dass der Gotenbischof Wulfila die Goten auf das (in weiteren theologischen Kontroversen des 4. Jhs. entwickelte) homöische Glaubensbekenntnis verpflichtet, nach welchem der überzeitliche Gottessohn dem Vater zwar gleich gemäß der Schrift, in seiner Gottähnlichkeit jedoch unterlegen sei.

Hieronymus (um 350–420)

Der in Stridon in Dalmatien geborene Hieronymus ist einer der Kirchenväter, womit man eine Gruppe von spätantiken Schriftstellern bezeichnet, die durch ihre grundlegenden theologischen Werke stark auf das mittelalterliche und neuzeitliche Christentum wirken. Hieronymus verfasst unter anderem das Werk „Berühmte Männer" (*De viris illustribus*), die als erste christliche Literaturgeschichte gilt. Als bedeutendste Leistung des Hieronymus gilt jedoch seine Übersetzung der Bibel ins Lateinische, womit er die gesamte lateinische Literatur des Mittelalters beeinflusst. Hieronymus verbringt die letzten Jahre seines Lebens in einem Mönchskloster in Jerusalem.

Reichtümern vor. Doch die Überquerung der Straße von Messina misslingt und das Unternehmen muss abgebrochen werden. Die Goten treten den Rückzug nach Norden an. Sie wollen in Kampanien überwintern, bevor im Frühjahr 411 ein neuer Anlauf gewagt werden soll. Doch stirbt König Alarich noch vor Jahresende 410. Angeblich soll er im Fluss Busento (bei Cosenza/Unteritalien), dessen Bett dafür kurzzeitig umgeleitet worden sein soll, beigesetzt worden sein. Die hierbei beteiligten Arbeitskräfte habe man anschließend umgebracht. Doch könnte es sich bei dem Bericht über diese Art der Bestattung auch um einen Topos handeln, da dieselbe Quelle vom Begräbnis des Hunnenkönigs **Attila** das Gleiche berichtet.

1.1.1 Das tolosanische Westgotenreich

Nach dem Tod Alarichs und der wohl erst einige Zeit danach erfolgten Aufgabe der nordafrikanischen Pläne verlassen die Westgoten Italien. Sie ziehen über Gallien zunächst nach Spanien und von der Iberischen Halbinsel wieder nach Gallien zurück. 418 werden ihnen in Südgallien die Provinz Aquitania II sowie Teile der benachbarten Provinzen Novempopulana und Narbonnensis I übertragen (letztere mit der Hauptstadt Toulouse). Von diesem Zentrum aus gelingt den Westgotenkönigen im Laufe des 5. Jhs. eine Herrschaftsbildung, die den kompletten Süden Galliens umfasst und auch über die Pyrenäen nach Spanien übergreift. Dieses nach seinem Hauptort genannte „Tolosanische Reich" umfasst in seinen Grenzen ca. zehn Millionen Einwohner und muss zu den bedeutendsten germanischen Reichsgründungen auf römischem Boden gezählt werden.

Geschickt verstehen es die Westgoten, sich in der römischen Welt einzurichten. Dabei wird auch den Romanen eine annehmbare Form des Weiterlebens ermöglicht. Die römische Verwaltung und deren Institutionen werden von den Westgoten weitgehend übernommen; die römische Senatorenschicht wird anerkannt. Neben dem als ältestes schriftliches Germanenrecht einzustufenden Gesetzeswerk des **„Codex Euricianus"** (entstanden um 470) geben die Westgoten den in ihrem Reich ansässigen Romanen eine eigene Gesetzeskodifikation, die „Lex Romana Visigothorum". Zunehmend beginnen die Westgoten, sich mit dem römischen Westen zu identifizieren. Als 451 die Hunnen unter ihrem König Attila und ihre Verbündeten bis weit nach Gallien hinein vorstoßen und erst in der Champagne zwischen den Städten Troyes und Châlons-sur-Marne durch

Augustinus (354–430)

Augustinus stammt aus Thagaste in Numidien und wird 387 von Bischof Ambrosius von Mailand christlich getauft. Seit 396 ist er als Bischof von Hippo (Numidien) tätig. Augustinus gilt als der bedeutendste der lateinischen „Kirchenväter". Er verfasst eine ganze Reihe von Schriften, unter denen vor allem zwei Werke hervorragen: Seine „Bekenntnisse" (*Confessiones*), in denen er sein Leben bis ins Jahr 387 schildert und die als die älteste erhaltene Autobiographie der europäischen Literatur gelten, sowie sein durch den Fall Roms 410 veranlasstes Werk „Der Gottesstaat" (*De civitate Dei*), in dem Augustinus eine umfassende Geschichtstheorie entwickelt, die auf der Vorstellung von zwei in der Geschichte stets miteinander konkurrierenden Staatsformen (*civitas Dei – civitas terrena*) beruht. Einer der bedeutendsten Historiker des hohen Mittelalters, Otto von Freising (1111/1112–1158) knüpft in seinem in den vierziger Jahren des 12. Jhs. entstandenen Werk an dieses von Augustinus entwickelte Modell an.

Attila und das Reich der Hunnen

Gemeinsam mit seinem Bruder Bleda ist Attila seit 434 König der Hunnen. 445 wird Bleda ermordet; seither ist Attila Alleinherrscher des riesigen, straff organisierten Hunnenreiches, das sich vom Kaukasus bis an den Rhein erstreckt. In der pannonischen Tiefebene (im Gebiet des späteren Ungarn) errichtet Attila eine Residenz. Ganz gezielt fördert er die Sesshaftwerdung des Nomadenvolkes. In die politisch-militärische Verwaltung seines Staates baut er auch nichthunnische Personen ein. Zur großen Schlacht auf den Katalaunischen Feldern 451 kommt es, als sich der römische Kaiser Valentinian III. weigert, ihm mit seiner Schwester Honoria auch die Hälfte seines Reiches zu übergeben. Nach der dortigen Niederlage wendet sich Attila 452 Oberitalien zu, wo er die wichtigen Städte Verona, Aquileja und Mailand plündert. 453 ist ein Feldzug gegen das oströmische Reich geplant, das Attila den Tribut verweigert; doch der Hunnenkönig stirbt während seiner Hochzeit. Als „Etzel" lebt er in der Sage weiter.

Codex Euricianus Der Name der Sammlung, die in klarem Latein abgefasst ist, bezieht sich auf Eurich, den König der Westgoten 466–484, der durch Ermordung seines älteren Bruders Theoderich II. auf den Thron gelangt ist. Durch Siege über die Bretonen und die kaiserliche Armee wird Eurich zum mit Abstand mächtigsten König auf römischem Reichsboden. Obwohl eine Tätigkeit Eurichs als Gesetzgeber gut bezeugt ist, stammt die Sammlung, die seinen Namen trägt, möglicherweise erst von dessen Sohn und Nachfolger Alarich II.

ein gewaltiges militärisches Aufgebot gestoppt werden können (**„Schlacht auf den Katalaunischen Feldern"**), treten der damalige Westgotenkönig Theoderich I. und seine Truppen als Verteidiger der römischen Welt auf. Sein politisches Ende findet das tolosanische Westgotenreich 507, als König Alarich II. (484–507) und seine Truppen in der Schlacht von Vouillé (in der Nähe von Poitiers) den Franken unter ihrem König Chlodwig unterliegen. In der Schlacht fällt Alarich; angeblich wird er von Chlodwig eigenhändig erschlagen. Das Frankenreich Chlodwigs nimmt daraufhin Aquitanien in Besitz und dehnt seine Herrschaft bis nach Toulouse aus. Nur Septimanien mit der Stadt Narbonne vermögen die Westgoten dank Unterstützung durch das Ostgotenreich weiterhin zu behaupten.

1.1.2 Das toledanische Westgotenreich

Aufgrund des enormen Drucks, den das expansive fränkische Reich auf die in Gallien ansässigen Goten ausübt, überqueren viele von diesen die Pyrenäen und lassen sich auf der Iberischen Halbinsel nieder, wo gotische Ansiedlungen bereits vor 500 einsetzen. Der Schwerpunkt der gotischen Ansiedlung liegt zunächst am oberen Ebro und am Tajo. Unter ihren Königen Athanagild (554–567) und Liuva I. (568–572) erfolgt eine Verlegung des Schwerpunktes des Reiches nach Süden. Als Hauptstadt bildet sich Toledo heraus; nach dieser in Zentralspanien gelegenen Stadt nennt man diese Herrschaftsbildung der Westgoten das „toledanische Reich".

Einen Markstein in der Geschichte des toledanischen Westgotenreichs bedeutet sowohl die Regierungszeit König Leovigilds (568/72–586) wie auch die seines Sohnes und Nachfolgers Reccared (586–601). Durch eine ganze Reihe von Kriegszügen gegen Byzantiner, Sueben, Basken und Aufständische im Innern stellt Leovigild das durch zahlreiche Aufstände verkleinerte Land in seinen alten Grenzen wieder her; mit der Erhebung seiner beiden Söhne Hermengild und Reccared zu Mitregenten will er eine eigene, von der Mitsprache der Großen unabhängige Dynastie begründen. Er lässt Goldmünzen mit dem eigenen Namenszug prägen und erwähnt Siegesmeldungen in den Münzlegenden; er lehnt sich somit eng an Ausdrucksformen des byzantinischen Herrschaftszeremoniells an. Nach Art eines antiken Kaisers – wie einst Traian oder Hadrian – tritt er als Städtegründer auf und verkündet 578 nordöstlich von Toledo die Gründung einer nach seinem zweiten Sohn benannten Stadt, Reccopolis.

Die Schlacht auf den Katalaunischen Feldern

451 ziehen hunnische Scharen unter der Führung ihres Königs Attila von ihren Sitzen in Pannonien donauaufwärts nach Westen. Das Ziel des Zuges ist Gallien. Begleitet werden die Hunnen dabei von einer Vielzahl anderer Völkerschaften, nämlich von Gepiden, Ostgoten, Skiren, Erulern, Sueben und Sarmaten. Im Laufe des Zuges schließen sich noch Angehörige weiterer Völkerschaften an. Auf den Katalaunischen Feldern in der Champagne (ungefähr zwischen den Städten Châlons-sur-Marne und Troyes) kommt es im Sommer dieses Jahres zur militärischen Konfrontation mit Aëtius, dem Oberkommandierenden der römischen Truppen, der ein Aufgebot aus Westgoten, Rheinfranken, Bretonen, sarmatischen und germanischen Laeten, gallischen Sachsen usw. anführt. Es handelt sich also um eine regelrechte Völkerschlacht. In dieser scheint sich eine sichere Niederlage der hunnischen Konföderation abzuzeichnen. Attila denkt bereits über Selbstmord nach. Doch im Laufe der Schlacht wird der Westgotenkönig Theoderid von einem Ostgoten namens Andagis getötet, woraufhin der älteste Sohn Theoderids, Thorismund, die Schlacht abbricht. Obwohl eine hunnische Niederlage damit abgewendet ist, wird der hunnische Kriegszug nach Gallien als militärisches Desaster gewertet. Die Hunnen unter Attila ziehen nach Pannonien zurück.

Abb. 9: **Bereits vor 500 setzen gotische Ansiedlungen auf der Iberischen Halbinsel ein, als Hauptstadt der gotischen Herrschaftsbildung in diesem Raum bildet sich Toledo heraus („toledanisches Westgotenreich"). Das Westgotenreich von Toledo ist immer wieder von innen bedroht; von siebzehn Westgotenkönigen im 7. Jh. werden zehn abgesetzt oder ermordet. Auch die Herrschaft König Wambas (672–680), dessen Goldmünze hier zu sehen ist, ist durch den Aufstand des Dux Paulus angefochten. Doch Wamba gelingt es, den Aufstand niederzuwerfen. Für Wamba ist als erstem Westgotenkönig** eindeutig überliefert, dass er sich – wie die israelitischen Könige des Alten Testaments – salben lässt. Als im 8. Jh. die Hausmeier im Frankenreich die bis dahin de jure regierende Dynastie der Merowinger ablösen, werden sie dasselbe tun.

Leovigild erneuert die stark reformbedürftige westgotische Gesetzgebung; sein Gesetzesbuch, die „Antiqua", zielt nicht zuletzt darauf ab, einen Ausgleich zwischen Römern und Goten herzustellen und hebt das Eheverbot zwischen den beiden Volksgruppen auf.

Leovigilds Sohn Reccared tritt 587 vom arianischen zum katholischen Glauben über; auf dem 3. Konzil von Toledo (589) schließen sich zahlreiche westgotische Große diesem Schritt an. Reccared gelingt es in der Folgezeit eine einheitliche, vom Papst in Rom weitgehend unabhängige Landeskirche zu formen. Eine ganze Reihe von Konzilien begründen eine Führungsrolle des toledanischen Westgotenreiches in wichtigen Glaubensfragen der Zeit; viele Beschlüsse dieser Konzilien finden Eingang in das mittelalterliche Kirchenrecht. Ein besonderes Charakteristikum der kirchlichen Gesetzgebung der westgotischen Konzilien ist die Vielzahl ihrer gegen die Juden gerichteten Beschlüsse. Sie findet ihren Höhepunkt in den Bestimmungen des Konzils von Toledo (694). Mit einem in der Geschichte des Judenhasses immer wieder zu hörenden Vorwurf wird die Gesetzgebung begründet: Die spanischen Juden, so heißt es, unterhielten verschwörerische Verbindungen zu ihren ausländischen Glaubensbrüdern; deren Ziel es sei, das Westgotenreich zu vernichten.

Das Ende der Dynastie Leovigilds 603 markiert wiederum einen Einschnitt. Das Westgotenreich kehrt zum Prinzip der Wahlmonarchie zurück. Die Stabilität der Herrschaft ist dadurch eindeutig geschwächt; im 7. Jh. werden von 17 Westgotenkönigen zehn abgesetzt oder ermordet. Doch auch Erfolge bleiben nicht aus. 625 gelingt es König Suinthila (621–631) Cartagena, die Hauptstadt der gleichnamigen Provinz einzunehmen; er ist damit der erste Westgotenkönig, der die komplette Iberische Halbinsel unter gotische Herrschaft bringen kann. Es herrscht für längere Zeit Frieden im spanischen Westgotenreich, von kleineren Unruheherden an den Randzonen (Basken, Piratenüberfälle am Saum des Mittelmeers) abgesehen. Bei einer Rebellion in Septimanien 673 erhebt sich der zur Niederwerfung des Aufstands entsendete Dux Paulus zum König; das Westgotenreich sollte geteilt, Septimanien als eigenes Königtum anerkannt werden. König Wamba (672–680) jedoch gelingt es, den Aufstand niederzuschlagen.

Das Ende des toledanischen Reichs des Westgoten ist erreicht, als 711 die islamischen Araber die Straße von Gibraltar überqueren und in Südspanien an Land gehen. Bereits kurze Zeit nach der Begründung des **Islam** durch den Propheten Mohammed (622) hat von seinem Ursprungsland, der arabischen Halbinsel aus, eine rasante Ausdehnung des Machtbereichs

Die Entstehung des Islam im 7. Jh. und die arabisch-islamische Expansion

Der Islam (arab. „Ergebung in den Willen Gottes") ist eine der großen Weltreligionen. Er entsteht im 7. Jh. auf der arabischen Halbinsel. Gründer der Religion ist der Prophet Mohammed, ein aus Mekka stammender Kaufmannssohn (ca. 569–632). Mohammed unternimmt ausgedehnte Handelsreisen in den östlichen Mittelmeerraum. Dort lernt er sowohl das Christentum als auch das Judentum kennen, die beide monotheistisch sind (also nur einen Gott verehren) und ein Buch (die Bibel bzw. das Alte Testament) als Heiligtum verehren. Beeinflusst von diesen Religionen beginnt Mohammed um sein 40. Lebensjahr in seiner Heimatstadt Mekka zu predigen; voraus geht dem Ganzen ein religiöses Erweckungserlebnis, in dem sich ihm der Schöpfergott Allah offenbart. Eine der Kernaussagen der Predigten Mohammeds ist dabei, dass ein göttliches Weltgericht über das Leben eines jeden Einzelnen nach dem Tod entscheiden werde; ausschlaggebend für das Urteil sei dabei die sittliche Lebensführung. Die Predigten Mohammeds werden im Koran (= arab. „Lesung") festgehalten, dem heiligen Buch des Islam, der somit – wie Christentum und Judentum auch – eine Buchreligion ist. In Mekka predigt Mohammed gegen den lokalen Kaaba-Kult, der äußerst einträglich ist. Damit zieht er sich die Feindschaft der Quraisiten zu, die diesen Kult aufrecht erhalten wollen. Ein Mordanschlag auf Mohammed ist zu befürchten. Um diesem zu entgehen, flieht er 622 mit seinen Anhängern in die nördlich von Mekka gelegene Stadt Jhatrib, die später Medina genannt werden wird. Diese Flucht Mohammeds von Mekka nach Medina (*Hedschra*) gilt als Beginn der islamischen Jahreszählung (so wie die Christen seit dem frühen Mittelalter nach Christi Geburt rechnen). In Medina übernimmt Mohammed nicht nur die religiöse, sondern auch die politische Führung seiner Bewegung. Erst hier löst sich der Islam endgültig von den christlichen und jüdischen Wurzeln. Er wird zu einer eigenständigen Religion, die die arabische Halbinsel auch politisch zu einigen vermag. Nach 630 kann Mohammed nach Mekka zurückkehren; die Kaaba („Kubus", „Würfel") wird zur zentralen Kultstätte des Islam. Nach Mohammeds Tod 632 eroberten die vereinigten arabischen Stämme unter den Kalifen (den Nachfolgern des Propheten) Abu Bakr, Omar, Othman und Ali in weniger als einem Jahrhundert Nordafrika und weite Teile des Orients. Die enorme Expansionskraft des Islam bewegt sich unaufhörlich auch in Richtung Europa hin. 711 gelingt der Übergang über die Straße von Gibraltar. Ein schwerwiegender Streit um das Amt des Kalifen entsteht jedoch noch im 7. Jh.: Während Kalif Moawija I. die Dynastie der Omayaden begründet und Damaskus zur Hauptstadt seiner Herrschaft macht, bilden die Anhänger des unterlegenen Kalifen Ali († 661; ermordet) bald eine eigene Richtung im Islam, die Schiiten. Diese steht im Gegensatz zur anderen, der sunnitischen Ausprägung dieser Religion. Die Spaltung der Religion in diese zwei Lager besteht bis heute fort.

der Nachfolger des Propheten stattgefunden. Syrien, Mesopotamien, Persien, Armenien, Ägypten sowie der komplette nordafrikanische Küstenbereich sind bereits in ihre Hände gefallen. Nun wird der Sprung aufs europäische Festland gewagt und das Ausdehnungswerk dort fortgesetzt. Am 23. Juli 711 kommt es bei Arcos de la Frontera (bei Cádiz) zur entscheidenden Schlacht, die die Westgoten verlieren, und in der der letzte westgotische König, Roderich (710–711), fällt. Binnen eines einzigen Jahrzehnts gelangt nahezu die komplette Iberische Halbinsel in arabisch-islamische Hand. Ausnahmen bilden lediglich einige schwer zugängliche Gebirgsregionen in Asturien und in den Pyrenäen. Dort können sich kleinere gotisch-christliche Herrschaften halten. Sie berufen sich noch lange auf ihre westgotischen Traditionen und werden später zu Ausgangspunkten der christlichen Rückeroberung der Iberischen Halbinsel.

1.2 Die Ostgoten

Nach der Zerstörung ihres riesigen, in der Ukraine gelegenen Reiches 375 durch die Hunnen, verlässt die Mehrzahl der Ostrogothen/Ostgoten ihre angestammten Wohnsitze und lässt sich am linken Ufer der unteren Donau und im südlichen Siebenbürgen nieder. Die Ostgoten stehen jetzt weitgehend unter hunnischer Oberhoheit. So ziehen sie unter Führung der Hunnen Mitte des 5. Jhs. nach Gallien und nehmen auf hunnischer Seite an der Schlacht auf den Katalaunischen Feldern teil (451). Nach dem Ende des Hunnenreiches 456/57 gelingt es den Ostgoten im römischen Reich Aufnahme zu finden; sie siedeln sich zunächst in Pannonien an, was sie jedoch 469 wieder verlassen, um in Dakien und Untermoesien ein Föderatenreich zu errichten. Das pannonische Zwischenspiel erweist sich insofern von Wichtigkeit, als spätestens hier der überwiegende Teil der Ostgoten den christlichen Glauben, allerdings in seiner arianischen Ausprägung, annimmt.

474 wird an den neuen Siedlungsplätzen in Dakien und Untermoesien ein 451 geborener Abkömmling der gotischen Dynastie der Amaler zum König ausgerufen, der den nächsten Jahrzehnten seinen Stempel aufdrücken wird: Theoderich, später ‚der Große' genannt. 484 wird Theoderich Konsul des römischen Reiches in Konstantinopel, wo er zwischen seinem achten und achtzehnten Lebensjahr bereits als Geisel gelebt hat. Die Richtung der Ostgoten nach Italien weist ein Vertrag Theoderichs mit Kaiser Zenon vom Sommer 488: Der Ostgotenkönig soll, so die Abmachungen,

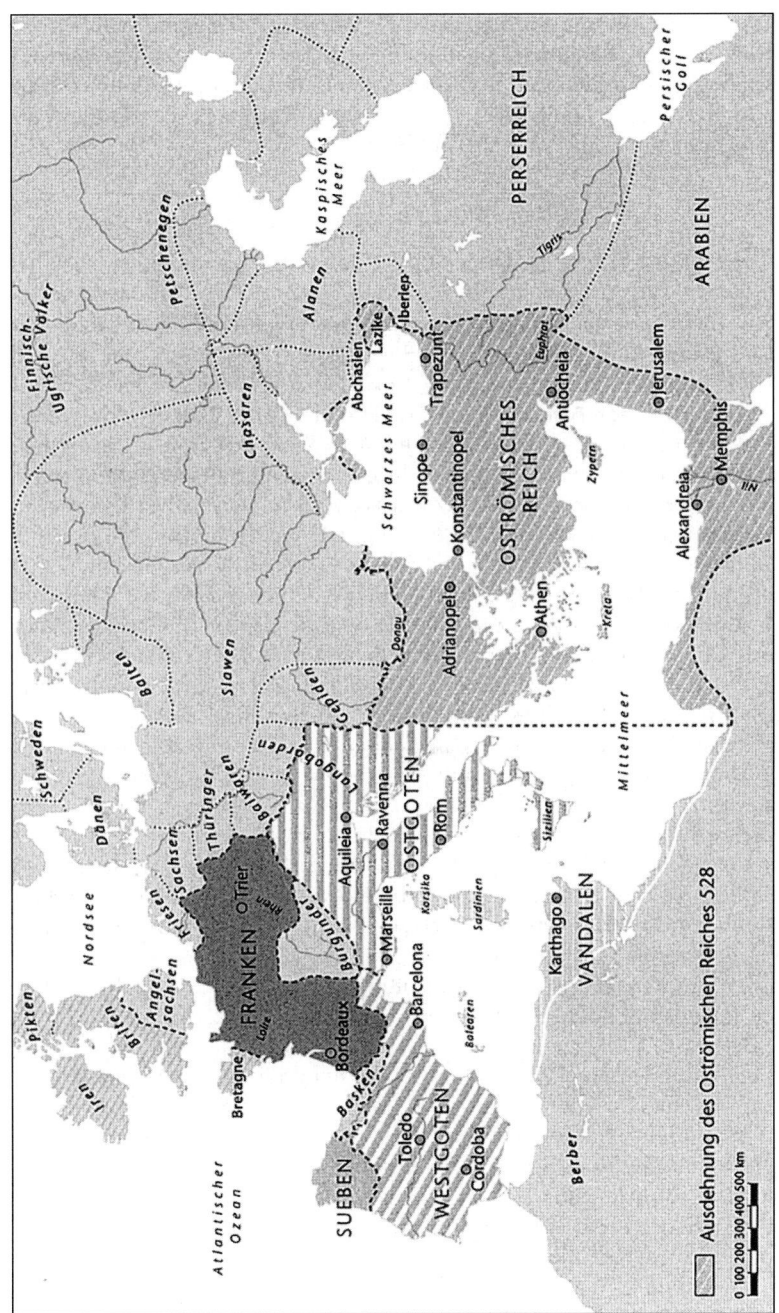

Karte 3: Durch die Wanderungen der germanischen Völker seit dem 4. Jh. wird die römische Welt, die jahrhundertelang den Mittelmeerraum und die angrenzenden Gebiete geprägt hatte, auf eine umfassende Weise umgestaltet. Herrschaftsbildungen auf dem Boden des Imperium Romanum, die zumeist aufgrund von Verträgen zustande kommen, gelingen den Völkern der West- und Ostgoten, den Sueben, Vandalen, Burgundern, Angeln und Sachsen. Es gibt dabei viele Zerstörungen des Alten, doch viel wichtiger scheint, dass es diese Völker auf eine höchst geschickte Weise verstehen, sich in der römischen Welt ‚einzurichten'. So kommt es vielfach zu Synthesen aus Alt und Neu.

den Germanen Odoaker, der 476 den letzten weströmischen Kaiser Romulus Augustulus abgesetzt und selbst die Herrschaft in Italien übernommen hat, von dort vertreiben und so lange dort regieren, bis Zenon selber komme und die Herrschaft übernehme. Den Vereinbarungen gemäß, ziehen Theoderich und die Ostgoten noch im selben Jahr vom Balkan ab und dringen in Italien ein. Bei Verona, in Norditalien, wird Odoaker von Theoderich geschlagen und in der „Rabenschlacht" in Ravenna belagert (489). Die Herrschaft Odoakers ist nicht mehr zu retten. 493 kann er in Ravenna der Belagerung durch Theoderich nicht mehr länger standhalten; er kapituliert und wird von Theoderich eigenhändig erschlagen.

Theoderich gewinnt damit die Herrschaft in Italien, ja steigt in den folgenden Jahren zur zentralen Figur des gesamten Westens auf, wozu nicht zuletzt eine geschickte Heiratspolitik beiträgt; er selbst verheiratet sich mit Audefleda, der Schwester des Frankenkönigs Chlodwig. Seit 497 wird Theoderich als Herrscher der Goten und Römer in Italien von Ostrom anerkannt und erhält im Jahr darauf sogar von Kaiser Anastasios I. die Abzeichen des westlichen Kaisertums. Letzteres erscheint geradezu sinnbildlich: Denn so sehr sich Theoderich einerseits dem Gesamtreich verbunden fühlt und sich mit seinem Königtum im Staat der Kaiser bewusst unterzuordnen versteht, so sehr fühlt er sich andererseits dazu berufen, die Politik des weströmischen Kaisertums fortzusetzen. Er liebt es, auf eine durchaus kaiserliche Weise aufzutreten. Davon legt besonders sein Besuch in der Stadt Rom im Jahr 500 Zeugnis ab: Er besucht das Petrusgrab und den Senat, lässt die Kaiserpaläste und die Stadtmauern restaurieren, verteilt großzügig Lebensmittelspenden an das Volk und erfreut dieses mit Zirkusspielen. In der inneren Ordnung seines Staates wird, ergänzt um einige germanische Elemente, der spätrömische Verwaltungsapparat weitgehend übernommen.

Theoderich stirbt am 30. August 526; er lässt sich in Ravenna in einem zuvor für ihn errichteten Grabmal beisetzen. Mit seinem Tod setzt ein rascher Niedergang seines Reiches ein. Für Theoderichs minderjährigen Enkel Athalarich (526–534) führt zunächst Amalasuintha, die Tochter Theoderichs, die Regierungsgeschäfte. Nach dem Tod Athalarichs erklärt sich Amalasuintha selbst zur Königin; Theodahad (534–536), einen Angehörigen des Königshauses, macht sie zum Mitregenten. 535 wird Amalsuintha von der Adelspartei ermordert. Ein Jahr später (536) ereilt Theodahad das gleiche Schicksal. Die Dynastie der Amaler stirbt damit aus. Vitigis (536–540), aus einer zwar angesehenen, aber keineswegs besonders glänzenden Familie stammend, tritt die Nachfolge an.

Abb. 10: **In Ravenna steht das Mausoleum des Ostgotenkönigs Theoderichs des Großen (†526), des mächtigsten europäischen Herrschers seiner Zeit. Das eindrucksvolle Bauwerk verbindet germanische und romanische Elemente miteinander. Es zeigt somit auch noch einmal eines der Grundmotive des Lebens und politischen Wirkens dessen an, dessen Gebeine es eine Zeitlang beherbergt. Bereits im 9. Jh. ist der Porphyrsarkophag, der sich im oberen Stockwerk des Gebäudes befindet, ausgeräumt. Wer die sterblichen Überreste des Königs entfernt hat, ist unbekannt. Neben das Mausoleum wird später ein Kloster gebaut. Für die katholischen Mönche des Klosters ist Theoderich – der Arianer – ein Ketzer gewesen.**

All dies bereitet einen günstigen Nährboden für den umfassenden Versuch des oströmischen Kaisers Justinian (527–565), die ostgotische Herrschaft in Italien zu beseitigen und die politische Einheit des römischen Reiches wiederherzustellen („Rekuperationspolitik").

Nach der erfolgreichen Beseitigung eines anderen Germanenreiches auf römischem Boden, dem der Vandalen, landet der mit dieser Aufgabe betraute Feldherr Justinians, Belisar, 535 auf der Insel Sizilien und nimmt Syrakus ein. Über Neapel zieht Belisar weiter nach Rom und belagert die Stadt (536). Es entbrennt ein mehrjähriger wechselvoller „Kampf um Rom", in dessen Verlauf die Ewige Stadt immer wieder von gotischen in oströmische Hände fällt und umgekehrt; zuletzt zieht am 16. Januar 550 der ostgotische König Totila (541–552) in die Urbs ein. Nachdem Belisar 549 aus Italien abberufen worden ist, setzt ein anderer Feldherr Justinians, Narses, die Rekuperationspolitik fort. Beim Marsch Narses' über die Via Flaminia in Richtung Rom kommt es 552 bei Tadinae zur entscheidenden Schlacht. Die Ostgoten verlieren diese militärische Auseinandersetzung. König Totila fällt auf der Flucht, wie es der Geschichtsschreiber Prokop, der an den Geschehnissen teilnimmt, überliefert. Das Schicksal des Ostgotenreichs ist damit besiegelt. Dennoch stellt sich Totilas Nachfolger Teja am Vesuv noch einmal Narses entgegen (552). Doch der Kampf ist aussichtslos, Teja und seine Mitstreiter fallen. Italien wird zur byzantinischen Provinz.

2 Vandalen, Sueben und Alanen

Ungefähr 400 vereinigen sich die vandalischen Teilstämme der Silingen (mit Sitzen im Gebiet des späteren Schlesien) und Hasdingen (mit Sitzen an der Theiß) mit Angehörigen der Sueben und der Alanen zu einem Stammesbund. Ein Großteil des Stammesbundes verlässt seine Wohnsitze und zieht in Richtung Rhein, der 406 überschritten wird. Ein nicht unbedeutender Teil zumindest der Vandalen bleibt jedoch in der Heimat und empfängt später eine Gesandtschaft von Stammesbrüdern aus Africa. Diejenigen unter den silingischen Vandalen, die zurückbleiben, geben später slawischen Einwanderern im Odergebiet ihren Stammesnamen weiter (Schlesien). Nach Überschreitung des Rheins findet der Stammesbund in Gallien keine Beute. Er zieht weiter, überquert die Pyrenäen und betritt die Iberische Halbinsel (409). Nach zweijährigen Kämpfen mit den ansässigen Gewalten kommt es zu einer Einigung mit dem Usurpator Maximus:

Quelle: Der Untergang des italischen Gotenreichs in der Schilderung des Prokop (†562)

Sechstausend Goten fanden bei diesem Blutbad den Tod, viele ergaben sich den Feinden, die die Gefangenen zunächst schonten, bald darauf aber niedermachten. Dabei wurden nicht nur Goten getötet, sondern auch eine große Menge ehemaliger römischer Soldaten, die sich früher vom römischen Heere losgesagt hatten und, wie schon im Vorausgehenden erwähnt, zu Totila und den Goten übergelaufen waren. Wer vom gotischen Heer nicht gefallen oder in Feindeshand geraten war, konnte sich nur durch heimliche Flucht retten, je nachdem er zu Pferd oder zu Fuß war oder Glück hatte und ein günstiger Augenblick oder örtliche Verhältnisse zu Hilfe kamen.

Damit hatte diese Schlacht ihr Ende, und es war bereits finstere Nacht geworden. Totila floh indessen durch die Dunkelheit mit nur fünf Begleitern, zu denen auch einer namens Skipuar gehörte. Ohne zu wissen, dass es Totila sei, setzten ihm einige Römer – darunter auch der Gepide Asbadus – nach. Als dieser dicht an Totila herangekommen war, griff er ihn an und wollte ihm schon die Lanze in den Rücken bohren. Ein gotischer Jüngling jedoch aus dem Hause Totilas, der seinen Herrn auf der Flucht begleitete, empörte sich über das Schicksal, das ihn bedrohte, und schrie laut auf: „Was fällt dir ein, du Hund, du willst die Hand gegen deinen Herrn erheben?" Asbadus stieß die Lanze mit aller Wucht in Totilas Rücken, wurde aber von Skipuar am Fuße verletzt und blieb am Platze liegen. Auch Skipuar selbst wurde von einem Verfolger getroffen und musste Halt machen. Nun stellten die vier, die mit Asbadus zusammen die Verfolgung durchgeführt hatten, diese nun ein, um ihn versorgen zu können, und traten mit ihm zusammen den Rückweg an. Totilas Begleiter wähnten indessen die Feinde immer noch auf ihren Fersen und setzten, obschon sie den todwunden und sterbenden Totila mit sich führten, den Weg in unverminderter Schnelligkeit fort. Zwang sie doch die Not zu solchem Gewaltmarsch. Nachdem sie vierundachtzig Stadien zurückgelegt hatten, erreichten sie einen Ort namens Caprae. Dort machten sie Rast und wollten Totilas Wunde pflegen; er starb jedoch kurze Zeit später, worauf ihn seine Begleiter an Ort und Stelle heimlich begruben und dann die Flucht fortsetzten. Solchen Ausgang nahm Totilas Herrschaft und Leben, nachdem er elf Jahre die Goten regiert hatte. Sein Tod entsprach nicht den vorausgehenden Taten – denn er hatte einst große Erfolge gehabt –, und den Leistungen folgte kein gebührendes Ende. Vielmehr ließ auch bei dieser Gelegenheit das Schicksal, indem es eindeutig schön tut und dann alles Menschentum verhöhnt, das Unberechenbare seines Wesens und das Unergründliche seines Wollens erkennen: Lange Zeit hatte es von sich aus ohne jede Veranlassung Totila mit Erfolgen überhäuft, um dann dem gleichen Manne unverdientermaßen augenblicklich ein so jammervolles Ende zu bereiten. Doch, wie ich glaube, sind derlei Dinge von jeher für einen Menschen unfassbar gewesen und werden es auch weiterhin bleiben; sie sprechen und schwatzen indessen dauernd davon, wie es jedem gerade in den Sinn kommt, indem sie mit scheinbar ganz vernünftigen Worten ihr Unwissen zu verdecken suchen. [...]

Der vandalische Teilstamm der Silingen erhält die Baetica, die Alanen dürfen sich in Lusitanien niederlassen, die Hasdingen – der andere vandalische Teilstamm – teilt sich mit den Sueben Galicien. Das von den Sueben in Galicien errichtete Reich wird im 6. Jh. vom toledanischen Westgotenreich erobert und diesem einverleibt.

Einen anderen Verlauf nimmt die Geschichte der Vandalen. Da sie auf Befehl der römischen Reichsspitze von den tolosanischen Westgoten immer wieder angegriffen werden, setzen sie 429 unter ihrem König Geiserich nach Nordafrika über; Alanen und andere germanische Splittergruppen schließen sich ihnen an. Die Volkszahl derjenigen, die die Straße von Gibraltar überqueren, wird auf 80000 geschätzt. In kurzer Zeit gelingt die Eroberung des nordafrikanischen Küstenstreifens von der Meerenge im Westen bis in das Gebiet des heutigen Tunesien. Widerstand wird ihnen kaum entgegengesetzt, Stadt für Stadt ergibt sich ihnen. Das Vorgehen der Vandalen bei diesem Eroberungszug ist nicht grausamer als das anderer völkerwanderungszeitlicher Stämme bei vergleichbaren Unternehmungen; dennoch wird man diesen Stamm seit der Französischen Revolution immer wieder mit Orgien zügelloser Gewalt gleichsetzen („Vandalismus"). Erst bei Hippo Regius, dem Bischofssitz des Augustinus, wird den Vandalen von römischen Kräften ernsthaft Widerstand geboten, und nur nach einjähriger Belagerung gelingt die Einnahme der Stadt.

435 schließt Geiserich einen Vertrag mit dem römischen Reich, der den Vandalen drei africanische Provinzen – Africa proconsularis, Numidia und Mauretania Sitifensis – zur Ansiedlung überlässt. Doch 439 wird König Geiserich vertragsbrüchig. Die Vandalen überfallen und besetzen die ca. 200000 Einwohner zählende Stadt Karthago, die Hauptstadt der Provinz Africa, der von den Zeitgenossen nach Rom der zweite Platz im Imperium Romanum zugewiesen wird. Versuche der römischen Reichsspitze, Geiserich aus seiner neuen Residenz zu vertreiben und überhaupt dessen Macht einzudämmen, schlagen fehl. Im Gegenteil: Geiserich lässt die vandalische Flotte ausbauen und beherrscht mit dieser zunehmend das westliche Mittelmeer. Vor allem das der afrikanischen Küste direkt gegenüberliegende Sizilien, aber auch Süditalien, Sardinien, möglicherweise auch Rhodos werden von den Vandalen heimgesucht; in der Stadt Rom begreift man die Gefahr und lässt die Befestigungsanlagen ausbauen. Da Geiserich in der Lage ist, die Getreideausfuhr von Africa nach Italien zu sperren, sieht sich Kaiser Valentinian 442 gezwungen, einen neuerlichen Friedensvertrag mit den Vandalen einzugehen. Geiserich erhält nunmehr ein weitgehend geschlossenes Territorium

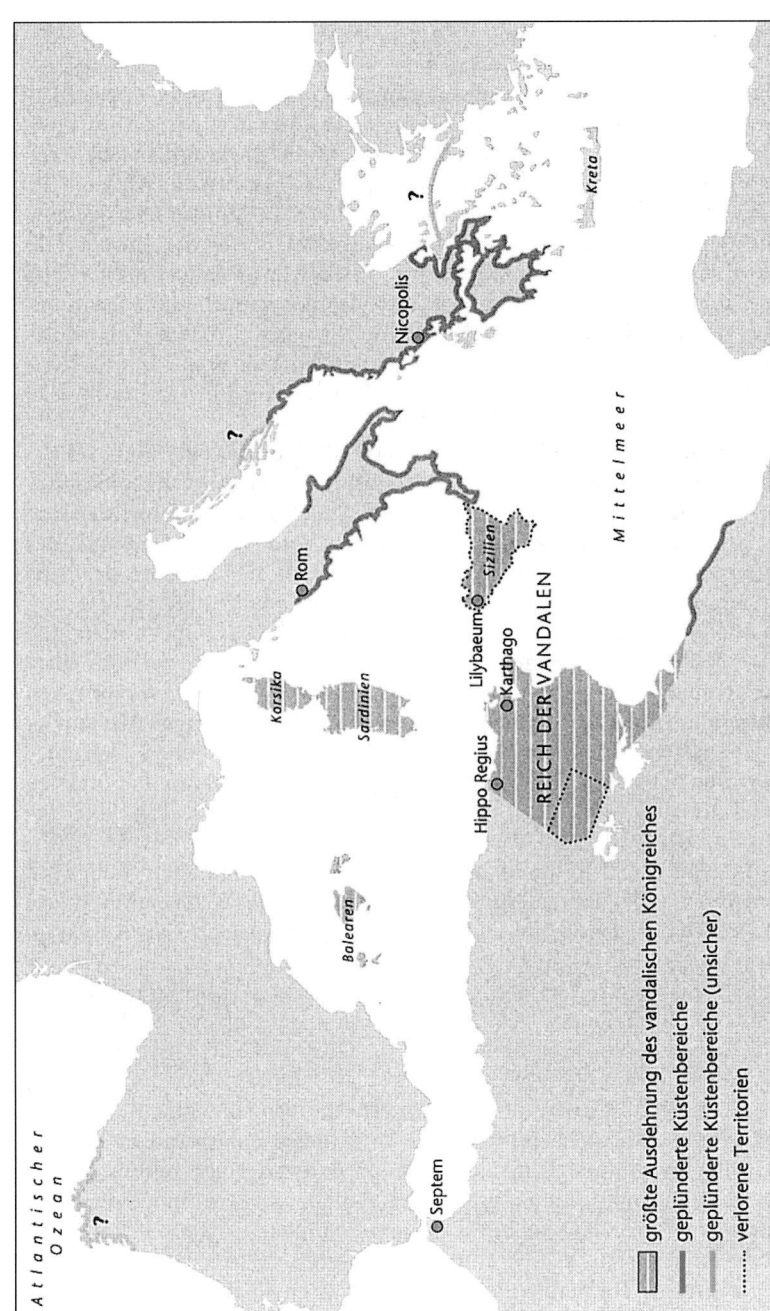

Karte 4: Das Volk der Vandalen überquert 429 unter seinem König Geiserich († 477) die Straße von Gibraltar, die die Iberische Halbinsel von Afrika trennt. In den Folgejahren erobern die Vandalen den nordafrikanischen Küstenstreifen. 439 gelingt schließlich die Einnahme der berühmten Stadt Karthago; um das Gebiet dieser Metropole herum bilden die Vandalen ein eigenes Reich, das schließlich auch von Rom anerkannt wird. In ihren Plünderungszügen durchziehen die Vandalen den Mittelmeerraum von den Balearen bis nach Griechenland. Sogar die Insel Sizilien können sie zeitweise in ihre Gewalt bringen. Die Stadt Rom selbst plündern sie 455.

aus Teilen Numidiens, der Proconsularis und Tripolitaniens. Im Unterschied zum Vertrag von 435, das den Vandalen ihre damals zugewiesenen Gebiete nur zum Bewohnen, nicht zum Besitz verlieh, bekommt Geiserich nunmehr volle Souveränität zugesprochen.

Die Verteidigungsmaßnahmen der Stadt Rom erweisen sich als wirkungslos. Nach Ausbau von Heer und Flotte und mit Unterstützung maurischer Hilfstruppen landet Geiserich mit einem vandalischen Heer im Mai 455 an der Tibermündung und dringt wenige Tage später in die Ewige Stadt ein. Rom fällt 45 Jahre nach der Eroberung durch die Westgoten Alarichs ein zweites Mal. Sind die Westgoten nur drei Tage geblieben, so dauert das Plünderungswerk der Vandalen zwei Wochen lang. Der Kaiserpalast wird zerstört, zahlreiche Kunstwerke werden nach Karthago verschleppt. Das Eingreifen **Papst Leos des Großen** verhindert Schlimmeres. Der Zorn der Römer richtet sich gegen jene, welche die Stadt nicht schützen konnten: Kaiser Petronius Maximus (455), der Nachfolger Valentinians, kommt beim Versuch zu flüchten durch einen Steinhagel der aufgebrachten Bewohner ums Leben.

474 einigt sich Geiserich mit dem oströmischen Kaiser Leo auf ein „ewiges Bündnis". 476 erfolgt der Abschluss eines ähnlichen Paktes mit dem Westreich. Er hat auch noch Bestand, als dieses im selben Jahr mit der Absetzung des letzten weströmischen Kaisers Romulus Augustulus durch den germanischen Heermeister formell aufhört zu bestehen, denn Odoaker tritt in die Verpflichtungen ein. 477 stirbt König Geiserich. Der Eindruck einer durch bedeutende militärische Eroberungen und außenpolitische Verträge vergleichsweise abgesicherten germanischen Reichsgründung in Nordafrika täuscht, zumal innere, durch soziale und religiöse Fragen ausgelöste Unruhen einer dauerhaften Konsolidierung entgegentreten. Ein Angriff des oströmischen Kaisers Zenon 468/74 kann noch abgewehrt werden. Doch als König Gelimar (530–534) gegen die Nachfolgeordnung Geiserichs verstößt, fühlt sich Kaiser Justinian provoziert. Er lässt seinen Feldherrn Belisar im Sommer 533 mit 5 000 Reitern und 10 000 Fußsoldaten gegen das Vandalenreich ansegeln. Belisar und seine Truppen gehen in Nordafrika an Land und erobern das Reich noch im selben Jahr. Die Vandalenherrschaft in Nordafrika ist beendet. Bis zur Eroberung durch den Islam im 7. Jh. ist die Region wieder in das oströmische Reich eingegliedert.

Papst Leo der Große (440–461) und das Papsttum des Mittelalters

Leo der Große, der aus der römischen Aristokratie stammt, wird während einer Gesandtenreise in Gallien in Abwesenheit zum Papst erhoben. Als die Hunnen unter ihrem König Attila 452 in Norditalien einbrechen und die Apenninenhalbinsel bedrohen, gehört Leo zu der kaiserlichen Gesandtschaft, die Attila entgegenreist. Die Hunnen kehren um, hauptsächlich jedoch deswegen, weil sie von den Römern in ihren pannonischen Stammsitzen angegriffen werden. Erst eine spätere Zeit (Gemälde Raffaels in den Stanzen des Vatikans) wird die Geschichte so darstellen, als habe Leo persönlich die Hunnen zum Rückzug bewegt. Zutreffend ist hingegen, dass Leo 455 die in die Stadt Rom eingedrungenen Vandalen zum Maßhalten bewegen kann: er hält sie zwar nicht vom Plündern, so doch wenigstens vom Morden und Brandschatzen ab. Leo der Große gilt als derjenige Papst, der erstmals den „römischen Primat", also den uneingeschränkten Vorrang der römischen Kirche im Gefüge der christlichen Weltkirche, mit Nachdruck vertreten hat. Die Päpste führen diesen Vorrang wesentlich auf die von den Evangelien überlieferten Einsetzungsworte Christi zum Apostel Petrus, den ersten Bischof von Rom und somit auch den ersten „Papst", zurück. Trotz der bereits früh beanspruchten Vorrangstellung nimmt die Geschichte des Papsttums im Mittelalter insgesamt einen sehr wechselvollen Verlauf. Nach ersten Höhepunkten – wie etwa dem unter Leo dem Großen oder unter Gregor dem Großen (590–604) – kann von einer echten Verwirklichung des Primatsanspruchs zunächst keine Rede sein. Im Gegenteil: Das Papsttum des frühen Mittelalters ist stark von der byzantinischen, dann von der karolingischen Herrschaft über Italien abhängig. Nach dem Ende des Karolingerreiches im 9. Jh. gerät das Papsttum weitgehend unter die Kontrolle des stadtrömischen Adels. Wiederholt gibt es von Seiten des westlichen Kaisertums Versuche, in die Geschichte des Papsttums einzugreifen, doch die Adelsfamilien können sich immer wieder behaupten. Es ist einer der größten Wendepunkte in der Geschichte des Papsttums, als 1046 der römisch-deutsche König Heinrich III. drei rivalisierende Päpste ab- und ein Mitglied seiner Reichskirche, den Bamberger Bischof Suidger, zum neuen Papst einsetzt. Beeinflusst von einer machtvollen kirchlichen Reformbewegung, die das ganze 11. Jh. prägt, beginnt sich das Papsttum zu reformieren. Ernsthaft startet der Versuch, das wirkliche Oberhaupt der christlichen Kirche der Welt zu sein, auch wenn sich 1054 die (schon lange selbstständige) Ostkirche mit ihrem Sitz in Konstantinopel vom Westen abspaltet. Im sog. Investiturstreit liefert sich das Papsttum eine scharfe Auseinandersetzung mit dem römisch-deutschen Königtum. Nachdem es im 12. Jh. zu einem Ausbau der päpstlichen Autorität gekommen ist, steht das Papsttum, beginnend mit der Amtszeit Innocenz' III., von 1198 bis 1303 auf dem Höhepunkt seiner Macht, dem ein jäher Absturz folgt. 1303–1378 residieren die Päpste nicht in Rom, sondern in Avignon. Nach der Rückkehr an den Tiber entzweit ein Schisma die römische Kirche (erst zwei, dann sogar drei Päpste). Nach dessen Überwindung schwankt das Papsttum zwischen Reform und Restauration.

3 Die Burgunder

Um 400 verlassen die Burgunder, die in ihrem Kernbestand aus Skandinavien und hier möglicherweise von der Insel Bornholm stammen, unter ihrem König Gundahar (dem Gunther des **Nibelungenliedes**) ihre Wohnsitze im Oder-Weichsel-Gebiet. Sie ziehen nach Westen und überqueren 406/07 den Rhein. 413 wird ihnen vom weströmischen Kaiser Honorius ein in seinen genauen Ausmaßen nur schwer bestimmbares Gebiet am Mittelrhein zur Ansiedlung zugewiesen. Als Zentrum dieses Gebietes kann jedoch die Stadt Worms betrachtet werden. Die Burgunder sind nun Föderaten des römischen Reiches. Relativ rasch jedoch findet die burgundische Reichsgründung am Mittelrhein ihren Untergang. 435 dringen die Burgunder in die benachbarte römische Provinz Belgica I ein. Sie werden von dem römischen Feldherrn **Aëtius** geschlagen, der zunächst mit ihnen Frieden schließt. Im Folgejahr jedoch (436) wird das Burgunderreich von Aëtius zerschlagen. Möglicherweise sind die Hunnen unter ihrem König Attila an dieser Zerschlagung beteiligt.

443 bekommen diejenigen Burgunder, die sich dem Untergang ihres Reiches am Mittelrhein entziehen können, von Aëtius neue Wohnsitze zugewiesen. Sie liegen um den Genfer See herum, in einem Gebiet, das von zeitgenössischen Quellen als „Sapaudia" bezeichnet wird. Hauptaufgabe der neuen Herrschaftsbildung soll es hier sein, eine Art Schutzwall gegen die Hunnen zu bilden, die sich als immer stärkere Bedrohung des römischen Reiches erweisen. Als Hauptort und bald auch als erste Residenzstadt eines seit 456 wieder nachweisbaren burgundischen Königtums (das alte Herrschergeschlecht König Gundahars war 436 ausgelöscht worden) bildet sich Genf heraus. Relativ rasch „romanisieren" sich die Burgunder in ihrer neuen Heimat, d.h. sie nehmen bald die Sprache der Romanen an. Obwohl die Burgunder seit etwa 370 dem arianischen Glauben angehören (und in ihrem Königshaus bis ins 6. Jh. hinein angehören werden), wird der katholische Glaube in ihrem Herrschaftsbereich toleriert.

Das neue Burgunderreich ist stark expansiv; es breitet sich im Laufe des 5. Jhs. nach fast allen Richtungen hin aus: nach Westen bis in die Lugdunensis, nach Norden bis nach Windisch, nach Süden in Richtung Provence. Sichtbares Zeichen der Westausdehnung ist die Verlegung des burgundischen Hauptortes von Genf nach Lyon. Eine Ausbreitung nach Osten in das Gebiet der heutigen Schweiz hinein unterbleibt allerdings.

Das Nibelungenlied

Um 1200 entsteht in der Diözese Passau das Nibelungenlied, das in 2400 Strophen den Untergang des Wormser Burgunderreichs aufgreift („Nibelungen" möglicherweise = „Gibekungen", das burgundische Herrschergeschlecht des 5. Jhs.). Der Dichter dieses Werkes ist unbekannt; sein Förderer jedoch lässt sich namhaft machen: Es ist Bischof Wolfger von Passau, der spätere Patriarch von Aquileja (1218), dem vom Dichter im Werk mehrfach in verdeckter Form gehuldigt wird. Was der unbekannte Autor in seinem Epos aufnimmt, ist jedoch nicht das wirkliche historische Geschehen des 5. Jhs., sondern das, was Sage und anachronistische Überlieferung mittlerweile daraus gemacht haben. Es handelt sich nicht um einen poetisch ausgeschmückten historischen Bericht, sondern um Dichtung, die um einen historischen Kern herum entstand. Realität und Mythos werden jedoch im Nibelungenlied insofern äußerst kunstvoll miteinander verwoben, als der für seine Zeit modern denkende Dichter seine Helden – Siegfried, Kriemhild, Hagen von Tronje und andere – an wirklichen Schauplätzen seiner Gegenwart auftreten lässt.

Aëtius (390–454)

Seit 430 ist Flavius Aëtius, der aus Durostorum an der unteren Donau stammt und mithin römischer Staatsbürger ist, einer der mächtigsten Männer im Westen des römischen Reiches. Im Alter von etwa 15 Jahren wird Aëtius als Geisel zu den Westgoten geschickt; er gerät in hunnische Geiselhaft und besitzt, aufgrund von Beziehungen, die bei dieser Gelegenheit geknüpft worden sind, seither gute Kontakte zu ihnen. Bereits Aëtius' Vater, Gaudentius, ist *magister militum* (Heermeister), d.h. der Oberbefehlshaber eines militärischen Verbandes, gewesen, und auch der Aufstieg des Sohnes vollzieht sich ganz in diesen Bahnen. 430 setzt Aëtius seine Ernennung zum Reichsfeldherrn durch; noch im selben Jahr sowie im Jahr danach wirft er die Juthungen und die aufständischen Noriker nieder, er erhält dafür das Konsulat. Das wichtigste Betätigungsfeld des Aëtius ist Gallien; insgesamt durchaus erfolgreich kämpft er hier gegen Bagauden (eventuell von kelt. *baga*, d.h. Kampf; aufständische Bauern und Hirten in Gallien), Westgoten und Franken. Es ist – wie bereits gesehen – Aëtius, dem es im Bündnis mit den Westgoten 451 gelingt, den hunnischen Vorstoß nach Westen in der Schlacht auf den Katalaunischen Feldern aufzuhalten. Aëtius, der 454 von Kaiser Valentinian III. (425–455) während einer Audienz ermordet wird, wird oftmals in einem Atemzug genannt mit Stilicho (um 365–408), dem Sohn eines Vandalen und einer Römerin, der – gleichfalls in der Funktion eines römischen Heermeisters – einige Jahrzehnte zuvor eine ähnlich starke Stellung im (west)römischen Reich innegehabt hat. Wie Aëtius ist auch Stilicho keines natürlichen Todes gestorben: Er wird, im Zuge der westgotischen Einfälle nach Italien des Hochverrats bezichtigt, hingerichtet. Der Tod beider – der Stilichos wie der des Aëtius – bedeutet für das (west)römische Reich jeweils eine Katastrophe, haben sich doch beide mit durchaus originellen Ideen und mit Leidenschaft der Verteidigung der Idee des Römerreiches angenommen. Gegen die Intrigen, die von Seiten des Kaiserpalastes gegen sie gesponnen werden, sind sie machtlos; doch es handelt sich um Pyrrhossiege.

Zu Beginn des 6. Jhs. jedoch stagniert unter König Gundobad die so erfolgreiche Ausdehnungspolitik. Während bei der Zerschlagung des tolosanischen Westgotenreiches 507 das Frankenreich und das italienische Ostgotenreich starke territoriale Gewinne verbuchen können, gehen die mit den Siegern verbündeten Burgunder leer aus. Als der burgundische König Sigismund 522 seinen Sohn Sigerich, der über seine erste Frau ein Enkel Theoderichs des Großen ist, aufgrund falscher Anschuldigungen hinrichten lässt, erscheint eine militärische Auseinandersetzung mit dem Ostgotenreich als unvermeidlich. Es kommt zum Einmarsch ostgotischer Truppen in das Burgunderreich, in dessen Folge weite Gebiete im Süden des Landes okkupiert werden (523). Ausgenutzt wird die Situation auch vom fränkischen Reich, das ebenfalls in Burgund einfällt und den Norden des Landes zwischenzeitlich an sich reißt. Das Burgunderreich droht zwischen dem Frankenreich und dem Ostgotenreich zerrieben zu werden. Eine Politik der Annäherung der Burgunder an das Ostgotenreich sorgt für eine kurzfristige Entspannung; der 523 eroberte Teil des Landes wird den Burgundern 530 zurückgegeben. Doch einem erneuten Angriff des Frankenreichs können die Burgunder nichts mehr entgegensetzen. 534 wird das Land von den Franken endgültig erobert und in das fränkische Reich einverleibt. Die Geschichte eines selbstständigen Burgunderreiches ist damit beendet. Der Name „Burgund" freilich wird im Laufe des Mittelalters in anderen Grenzen und mit gewandelten territorialen Bezügen noch lange Bestand haben; die burgundische Geschichte ist 534 noch nicht zu Ende.

4 Die Angelsachsen

Das 43 n. Chr. unter Kaiser Claudius (41–54 n. Chr.) römische Provinz gewordene und später durch umfangreiche Befestigungsanlagen im Norden (Hadrians- und Antoninuswall) geschützte Britannien wird um 400 zunehmend von äußeren Feinden bedroht. Zu diesen sind vor allem die im heutigen Schottland lebenden **Pikten**, die „irischen" **Skoten**, sowie der germanische Stamm der Sachsen auf dem europäischen Festland zu rechnen. Doch das römische Reich ist nicht mehr in der Lage, auf die dringlichen Bitten um Hilfe zu reagieren. 410 erteilt Kaiser Honorius, der in Ravenna residierende Herrscher des Westreichs, der Bevölkerung Britanniens die Antwort, sie mögen sich selber helfen, so gut sie eben können. Britannien wird vom römischen Reich aufgegeben.

Quelle: Die Ankunft der Angelsachsen auf der britischen Hauptinsel in der Schilderung des Beda Venerabilis (†735)

Sie kamen von drei starken Völkern Germaniens, nämlich von den Sachsen, Angeln und Jüten. Von den Jüten stammen die Kentner und die Victuarier, das heißt jener Stamm, der die Insel Wight bewohnt, und derjenige, der gegenüber der Insel Wight lebt und bis heute im Land der Westsachsen das Volk der Jüten genannt wird. Von den Sachsen, das heißt aus dem Gebiet, das jetzt auch Altsachsen genannt wird, kamen die Ostsachsen, Südsachsen, Westsachsen. Von den Angeln aber, nämlich von dem Land, das Angeln heißt und von jener Zeit bis heute verlassen zwischen den Ländern der Jüten und Sachsen geblieben sein soll, stammen die Ostangeln, Mittelangeln, Mercier, das ganze Geschlecht der Nordhumbrier, das heißt jener Völker, die nördlich des Flusses Humber leben, und die übrigen Völker der Engländer ab. Ihre ersten Führer sollen die beiden Brüder Hengist und Horsa gewesen sein, von denen Horsa, der später im Krieg von den Briten getötet wurde, in den östlichen Gebieten Kents noch ein mit seinem Namen versehenes Denkmal hat. Sie waren Söhne Wihtgisls, dessen Vater Witta, dessen Vater Wecta, dessen Vater Wotan war, aus dessen Stamm das Königsgeschlecht vieler Länder seine Herkunft ableitete.

Beda Venerabilis   Der Beiname bedeutet soviel wie „der Verehrungswürdige". Beda stammt aus Northumbria und lebt von 673/74–735. Er wird früh Mönch und verbringt den überwiegenden Teil seines Lebens im Kloster Jarrow. Beda ist einer der bedeutendsten Gelehrten seiner Zeit. Er widmet sich in seinen Schriften den verschiedensten Gegenständen, so unter anderem auch den Problemen der Zeitrechnung. Sein wichtigstes Werk ist jedoch die „Kirchengeschichte des englischen Volkes" (*Historia ecclesiastica gentis Anglorum*), die auf Anregung des Abtes Albinus von Canterbury entsteht und König Ceolwulf von Northumbria gewidmet ist. Kurz vor seinem Tod stellt Beda das Werk fertig. In seinem Mittelpunkt steht die (von der allgemeinen politischen Geschichte kaum zu trennende) Geschichte der christlichen Kirche in England und ihre vielfältigen Schicksale und Wandlungen.

Pikten   Ein Volksstamm, der jenseits der Nordgrenze der römischen Provinz Britannien lebt (etwa im Gebiet des heutigen Ostschottland nördlich des Forth) und erstmals 297 erwähnt wird. 306 zieht Constantius I. gegen sie zu Feld. Seit der Mitte des 4. Jhs. greifen die Pikten wiederholt das römische Britannien an.

Skoten   Ein keltisches Volk, das sich nach Angaben römischer Quellen wild und kriegerisch gebärdet und ursprünglich den Norden der Insel „Hibernia" (Irland) bewohnt. Zu Beginn des 4. Jhs. n. Chr. setzen die Skoten teilweise nach Nord-Britannien über. Bereits vor 431 wird den Skoten das Christentum durch den Diakon Palladius vermittelt.

Ein erster Einfall einer Koalition aus Pikten und Sachsen 429 kann noch zurückgeschlagen werden. Doch auf längere Sicht vermögen die von den Römern alleingelassenen Briten den Eindringlingen nur schwer etwas entgegenzuhalten. So setzen sich in einem durchaus komplizierten Prozess, der nicht nur aus Eroberung, sondern auch aus gezielter In-Vertragnahme durch einheimische Kräfte besteht, im Laufe des 5. Jhs. mehr und mehr fremdländische Volksgruppen auf der britischen Hauptinsel fest. Es handelt sich dabei vor allem um Angehörige der germanischen Stämme der Sachsen, Angeln und Jüten aus dem Gebiet des heutigen Norddeutschland und Dänemarks. Da sich sächsische Abteilungen bereits im Laufe des 4. Jhs. an der festländischen Kanalküste etabliert haben, erfolgt die sächsische Einwanderung in Britannien auch von diesen Stützpunkten aus. Aus dem Bereich der westlichen Nordsee und aus dem Rheinmündungsgebiet ziehen auch Angehörige der germanischen Stämme der Franken und Friesen mit auf die Insel, wobei die Franken vor allem Kent, also den Südosten des heutigen England in Besitz nehmen.

Mit einem punktuellen Ereignis ist der Vorgang, der unter dem Begriff „angelsächsische Landnahme" in die Geschichte eingehen wird, also nicht zu verbinden. Es handelt sich vielmehr um einen längeren Prozess, der schon im späten 4. Jh. beginnt und das ganze 5. sowie auch noch das 6. Jh. andauert. Der Vorgang wird zudem nicht nur, wie der Begriff vorzugeben scheint, von Angeln und Sachsen, sondern auch von anderen germanischen Stämmen, wie eben Franken und Friesen, getragen. Erst spätere mythische Überhöhungen des Geschehens werden von einem gezielten Aufbruch von einem Ort und von den beiden Heerführern, dem Brüderpaar Hengist und Horsa („Hengst und Pferd"), sprechen, angeblich Abkömmlinge des germanischen Kriegsgottes Wotan.

Im 5. und 6. Jh. bilden die Neuankömmlinge auf der britischen Hauptinsel eine Reihe von Kleinreichen aus, die freilich noch längere Zeit in Konkurrenz mit landsässigen britischen Herrschaften stehen; die später entstandene Sage um König Artus wird einen literarischen Nachklang dieser Ereignisse bilden. Sieben oder acht Kleinreiche der Einwanderer können sich schließlich bis zum Beginn des 7. Jhs. konsolidieren. Nach **Beda Venerabilis** (673/74–735) (S. 85) sollen das Reich von Kent von den Jüten, die Reiche von Sussex, Essex und Wessex jeweils von den Süd-, Ost- und Westsachsen aufgebaut worden sein; die nördlich der Themse gelegenen Reiche East Anglia, Middle Anglia, Mercia und Northumbria dagegen sollen auf die Angeln zurückgehen. Die ‚Logik der Namen' scheint eine solche Auffassung

Karte 5: **In der Zeit des Kaiser Claudius (41–54) ist Britannien zur römischen Provinz geworden. Die römische Herrschaft endet hier im frühen 5. Jh. Danach kommt es im Laufe eines längeren, insgesamt mehrhundertjährigen Prozesses, der kaum vor dem 7. Jh. zu Ende ist, zur Landnahme der germanischen Völker der Angeln, Sachsen und Jüten. Von Angelsachsen regierte Königreiche und von den indigenen (alteinsässigen) Kelten bestehende Herrschaften existieren noch längere Zeit nebeneinander. Erst nach und nach gewinnen die Neuankömmlinge die Oberhand.**

zu stützen, doch legen archäologische Funde im 20. Jh. viel eher das Bild einer Mischbevölkerung nahe. Offensichtlich steht einer der Könige dieser Kleinreiche als „Bretwalda" (Britenherrscher) dem Verbund vor, wenn auch dessen genaue Kompetenzen nicht klar zu erkennen sind.

5 Die Langobarden

Die Langobarden gehören in die Gruppe der Elbgermanen; in linguistischer Sicht sind sie somit zu den Westgermanen, in historischer Perspektive dagegen zu den Sueben zu rechnen. Sie selbst schreiben sich eine skandinavische Herkunft zu, was generell unter allen germanischen Völkern als besonders auszeichnend und vornehm gilt. Der langobardische Cassiodor heißt Paulus Diaconus (um 720–um 799). Er überliefert in seiner um 790 im mittelitalienischen Kloster Montecassino verfassten „Geschichte der Langobarden" die alte Stammessage, dass die Langobarden in ihrer skandinavischen Heimat zunächst den Namen „Winiler", das heißt Kämpfer, getragen haben sollen; der germanische Gott Wotan habe ihnen dann den neuen Namen „Langobarden" verliehen.

Unter ihrem König Wacho (um 510–540) verlassen die Langobarden zu Beginn des 6. Jhs. ihre Sitze an der mittleren und unteren Elbe „im Langobardengau", und ziehen zunächst in das Gebiet des böhmischen Beckens und in die pannonische Tiefebene. 547/48 ziehen sie unter ihrem König Adoin von dort aus weiter in die Gegend zwischen Save und Drau. Zu einer der wichtigsten Gestalten der langobardischen Geschichte steigt Adoins Sohn **Alboin** (560/61–572) (S. 91) auf. Unter diesem Herrscher zerschlagen die Langobarden 567 das etwa im Gebiet des heutigen Rumänien gelegene Königreich der Gepiden; mitbeteiligt daran ist der Reiterstamm der Awaren. Ein Jahr später (568) dringen die Langobarden unter König Alboin gemeinsam mit Angehörigen anderer Völker – Gepiden, Sarmaten, Sueben, Sachsen, auch einheimischen Romanen – in Italien ein, das, wenn auch unter zunehmend größeren Schwierigkeiten, noch von Byzanz kontrolliert wird. Es gelingt die Eroberung der Halbinsel von Norden her bis etwa auf die Höhe der Städte Spoleto und Benevent. Die romanische Bevölkerung der eroberten Gebiete verliert zunächst jeden politischen Einfluss und den Zugang zum Heeresdienst; das Land wird unter die Eroberer aufgeteilt, die Städte werden zu Herzogssitzen. Der Süden der Halbinsel, ebenso wie im Norden Istrien, Venedig und sein Umland, die Region um Ravenna (die

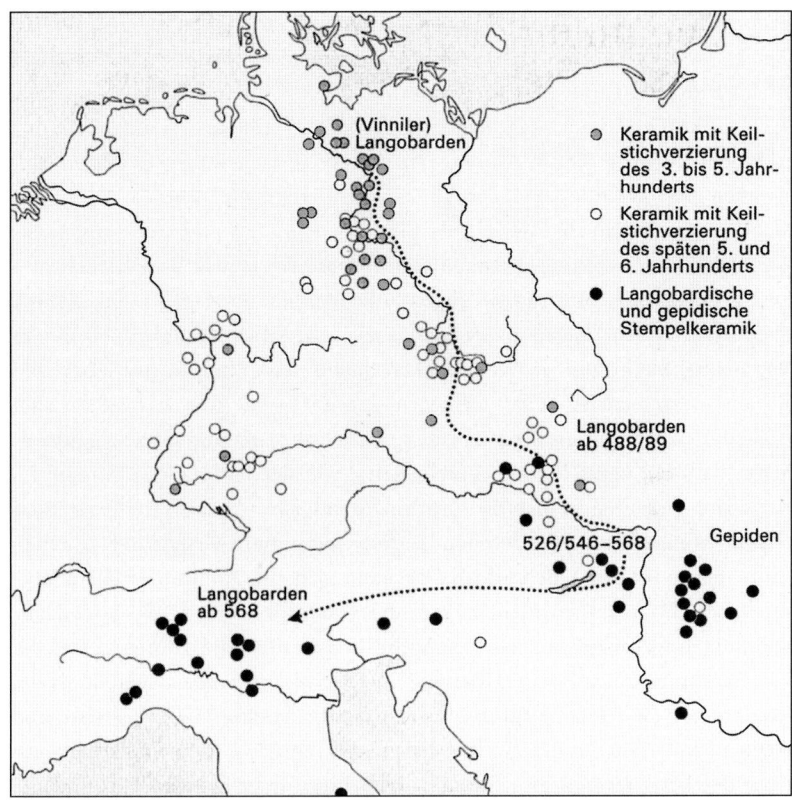

Karte 6: **Die Karte zeigt die Verbreitung langobardischer Funde in Europa.** Die Fundgebiete ziehen sich vom Raum des heutigen Bundeslandes Schleswig-Holstein über die untere und mittlere Elbe bis ins böhmische Becken und die pannonische (ungarische) Tiefebene beiderseits der Donau. Dann wieder zeigen sich Funde vor allem in Oberitalien. Die Fundgebiete spiegeln deutlich den Zug der Langobarden durch Europa wider. 568 geben die Langobarden ihre Sitze in Pannonien auf und dringen nach Italien ein. Mit ihrer dortigen Landnahme, die Italien lange prägen wird, schließt die Epoche der Völkerwanderung ab.

Pentapolis) und Rom, bleiben in byzantinischer Hand. Diese byzantinischen Gebiete werden gelenkt von einem Stellvertreter des oströmischen Kaisers, einem **Exarchen,** mit Sitz **in Ravenna.**

Die Anfänge der Langobardenherrschaft in Italien verlaufen äußerst turbulent. Sowohl König Alboin, der den Weg nach Italien gewiesen hat, als auch sein Nachfolger Cleph (572–574) werden ermordet, was seit 574 eine etwa zehnjährige Alleinherrschaft der Herzöge einleitet. Angesichts der Bedrohung durch das Frankenreich findet man jedoch bald wieder zum Königtum zurück und wählt Clephs Sohn Authari (584–590) zum König. Die Langobarden prägen in der Folgezeit eine ganz besondere Form der Verfassung. Sie beruht im Wesentlichen darauf, dass der König abwechselnd aus den verschiedenen Herzogtümern gewählt wird, was verhindern soll, dass eine einzige Herrscherdynastie übermächtig wird und alles zu kontrollieren vermag. Versuche, sich durch Heirat mit der Familie des Vorgängers zu versippen, laufen freilich diesem Prinzip zuwider. Auch weiterhin sterben etliche Könige eines gewaltsamen Todes; viele innere Gegensätze scheinen kaum überwindbar. Doch allmählich kann sich die Königsherrschaft konsolidieren. Dazu tragen nicht zuletzt die **Gastalden** bei. Eines der bedeutendsten, weil im Aufbau klarsten frühmittelalterlichen Stammesrechte, der 643 entstandene **„Edictus Rothari"** betont die überragende Stellung des Königs, der das Heer anführt und als oberste Instanz Gesetze erlässt und Rechtsurteile fällt. In der zweiten Hälfte des 7. Jhs. setzt eine Christianisierung der Langobarden ein, die sich zu Beginn des folgenden Jahrhunderts endgültig durchsetzen kann.

Die Zentren der Langobardenherrschaft in Italien liegen von Anfang an im Norden der Halbinsel, in der Poebene, wo der Name „Lombardei" noch heute an den Stamm erinnert. Verona und Pavia besitzen bereits früh eine Art Residenzfunktion. Doch unter König Liutprand (712–744) wird Pavia zur regelrechten Hauptstadt ausgebaut. Auch sonst bedeutet die Regierungszeit König Liutprands den Höhepunkt der Langobardenherrschaft. Liutprand geht expansiv und mit Erfolg gegen die byzantinische Herrschaft in Italien vor. 735 wird Ravenna und die **Pentapolis** erobert, vier Jahre später (739) steht Liutprand vor Rom. Hilfesuchend wendet sich Papst Gregor III. an den fränkischen Hausmeier Karl Martell, doch ohne Erfolg. Der Papst ist gezwungen, einen zwanzigjährigen Waffenstillstand mit den Langobarden einzugehen. Der Nachfolger Liutprands, König Aistulf, belagert 753 erneut die Ewige Stadt. Papst Stephan II. wendet sich daraufhin an den fränkischen König Pippin.

Alboin

Der König der Langobarden, der sein Volk 568/69 von Pannonien nach Italien führt, ist ein Sohn König Audoins und der Thüringerprinzessin Rodlinde. Der langobardische Geschichtsschreiber Paulus Diaconus berichtet davon, dass eine Einladung des Narses, des Feldherrn Kaiser Justinians, der Anlass hierzu gewesen ist; wahrscheinlicher ist jedoch, dass der Druck der Gepiden der Auslöser ist, die pannonische Tiefebene zu verlassen und den Weg auf die Apenninenhalbinsel zu suchen. Nach dem Übergang im Mai 568 können bereits nach kurzer Zeit die oberitalienischen Städte Aquileja, Cividale, Treviso, Vicenza und Verona eingenommen werden; die Stadt Pavia indes – die in der Folgezeit zur Hauptstadt der Langobardenherrschaft in Italien wird – leistet noch Widerstand; erst 572/73 kann der Ort erobert werden. Alboin, dessen Herrschaftsgebiet sich schließlich über fast ganz Piemont und Ligurien erstreckt, wird 573 von Helmichis in Verona ermordet. Drahtzieher könnte Byzanz gewesen sein, in dessen Machtbereich (Ravenna) der Mörder nach der Tat flüchtet.

Exarchat Ravenna   Oströmische Provinz um die Stadt Ravenna, verwaltet von einem Stellvertreter des oströmischen Kaisers.

Gastalden   Königliche Amtsträger, die im italienischen Langobardenreich neben die Herzöge treten und deren Macht einzuschränken beginnen.

Edictus Rothari   Die Gesetzessammlung, die 643 von der Heeresversammlung approbiert (gebilligt) wird, ist in einem sehr volkstümlichen Latein (Vulgärlatein) abgefasst, das mit zahlreichen langobardischen Wörtern durchsetzt ist. Der Edictus umfasst annähernd 400 Kapitel; die meisten beziehen sich auf das Strafrecht. Höchstwahrscheinlich richtet sich der Edictus Rothari explizit nur an die langobardischen Bewohner des Reiches, die Romanen besitzen eine eigene Rechtsstellung.

Pentapolis   Um 600 erfolgter Zusammenschluss von zweimal je fünf Städten in Ober- und Mittelitalien.

III Das Frankenreich (ca. 500–911)

1 Die Formierung des Reiches unter den Merowingern

Eine der folgenreichsten Herrschaftsbildungen der europäischen Völkerwanderungszeit ist das Frankenreich. Das namengebende Volk sind die Franken. Seine Anfänge sind eher unscheinbar. Nicht ein „fertiges" Volk beginnt seit dem 3. Jh. ins Licht der Geschichte zu treten, sondern ein Bund aus kleineren Einheiten, die lediglich zum Zwecke der Eroberung gebildet worden zu sein scheinen. Sie besitzen alle eigene Namen: Salier, Chamaven, Bukterer, Chattuarier, Amsivarirer. Römische Quellen beginnen diese Völker mit der Sammelbezeichnung „Franken" (*Franci*) zu belegen. Die Keimzelle des später fast ganz Westeuropa umfassenden Reiches liegt um 260 nordöstlich des Niederrheins, etwa im Raum der heutigen Niederlande sowie in den Gebieten östlich und südlich davon. Von dort aus dehnen sich „die Franken" immer weiter südwestwärts aus.

Die prägende Aufstiegszeit sind die Jahrzehnte um 500. Nach Beseitigung der zahlreichen Gaukönige, unter denen die Franken bis dahin gelebt haben, ist die beherrschende Figur dieser Zeit König Chlodwig aus der Dynastie der Merowinger, deren Name sich von einem legendären Spitzenahn namens „Merowech" (ca. Anfang 5. Jh.) ableitet. Chlodwig – so wenigstens will es der Bericht des gallo-römischen Geschichtsschreibers Gregor von Tours aus dem späten 6. Jh. – stiftet die Einheit im Frankenreich. Der erste wichtige Schritt hierzu ist der Sieg seiner Truppen über den römischen Heermeister Syagrius 486 bei Soissons; er bedeutet das Ende der römischen Herrschaft in Nordgallien. Nach einem weiteren Sieg der fränkischen Streitmacht über die Alemannen (bei Zülpich?) 496 lässt sich Chlodwig höchstwahrscheinlich 498 in Reims durch den dortigen Erzbischof Remigius christlich taufen. Von grundlegender Bedeutung ist hierbei: Chlodwig nimmt die neue Religion in katholischer Form an, d.h. er stellt sich in einen bewussten Gegensatz zum arianischen Glauben etwa der Ost- oder der Westgoten.

Auch nach der Bekehrung folgt Sieg auf Sieg. Nach dem militärischen Erfolg gegen das Burgunderreich bei Dijon (um 500), kommt es 507 durch die siegreiche Schlacht bei Vouillé (Vouglé) zur Eroberung des Westgoten-

Abb. 11: **Nach seinem Sieg über die Alemannen 496 lässt sich der fränkische König Chlodwig um 500, wahrscheinlich 498 in Reims durch Erzbischof Remigius, christlich taufen. Im Gegensatz zu den meisten anderen Germanenkönigen nimmt Chlodwig das Christentum nicht in seiner arianischen, sondern in der katholischen Ausprägung an. Das Ereignis wird später in umfassender Weise stilisiert und Berichten über die Bekehrung des römischen Kaisers Konstantin angeglichen. Die Darstellung aus den hochmittelalterlichen „Grandes Chroniques de France" zeigt die Protagonisten des Geschehens, oben rechts die Taube als Symbol des Heiligen Geistes, die das heilige Salböl bringt.**

reichs bis hin zu den Pyrenäen. Das Mittelmeer jedoch bleibt für Chlodwig und seine fränkischen Truppen ein unerreichbares Ziel.

Chlodwig stirbt 511; ohne nennenswerte Mitwirkung der Großen teilen seine Söhne Childebert, Chlodomer, Chlothar und Theuderich die Herrschaft unter sich auf. Die Einheit des Reiches wird dabei nicht in Frage gestellt. Das manifestiert sich darin, dass jeder sowohl einen Teil des alten fränkischen Zentralraumes als auch des unter Chlodwig unterworfenen Aquitanien erhält. Auch unter den Söhnen Chlodwigs geht die fränkische Expansion unaufhaltsam weiter. Unter Theuderich und Chlothar wird 531 das Thüringerreich, ein Machtfaktor ersten Ranges in der spätantik-frühmittelalterlichen Staatenwelt, besiegt und in das Reich integriert. Dieses Reich der Thüringer, das erheblich umfangreicher ist als das heutige Bundesland gleichen Namens, könnte sich im Nordosten bis in die Gegend des heutigen Berlin erstreckt haben. In der Erinnerung wirkt die Schlacht, die das Ende dieses Reiches bedeutet, noch lange nach. Das Selbstbewusstsein der Frankenkönige steigt: Als erster nichtrömischer Herrscher in Europa lässt um 545 der Frankenkönig Theudebert I. (533–548) Münzen mit seinem Bild prägen. Das Selbstverständnis der fränkischen Könige dieser Zeit ist somit quasi-imperial. Die Verletzung eines bis dahin stets beachteten kaiserlichen Vorrechts stört sie nicht.

Einen wichtigen verfassungspolitischen Einschnitt markiert das Edictum Chlotarii von 614. In diesem Edikt, einem Erlass König Chlothars, verpflichtet sich der Herrscher, die königlichen Beamten aus den Grundbesitzern der jeweiligen Grafschaft zu wählen. Die Folgen sind weitreichend. Der Erlass bedeutet nichts weniger als die faktische Beseitigung eines vom Herrscher abhängigen Staatsbeamtentums. Die Staatsgewalt gerät in die Hände des grundbesitzenden Adels.

Die Kernländer Austrien, Neustrien und Burgund erhalten unter einem Hausmeier (Majordomus) eine gewisse Selbstständigkeit. Der Hausmeier steht an der Spitze der königlichen Hofverwaltung, er ist aber auch Führer der königlichen Gefolgschaft. Als letzter merowingischer Herrscher kann Dagobert (623/29–639) die Macht eines Königs wirklichen festigen. Alle seine Nachfolger sind dagegen nur noch bloße „Schattenkönige", d.h. sie sind Könige nur noch dem Namen nach, während die eigentliche Macht bei den Hausmeiern liegt. Aber auch unter den Hausmeiern selbst gibt es Konkurrenz. Eine Entscheidung fällt 687 in der Schlacht von Tertry: der Hausmeier von Austrien siegt über die Truppen des Hausmeiers von Neustrien. Die Einheit der Reichsgewalt im Frankenreich ist damit wiederhergestellt.

Quelle: Chlodwig wird Christ – der letzte Anstoß zur Bekehrung nach der Erzählung Gregors von Tours († 594)

Die Königin aber ließ nicht ab in ihn zu dringen, dass er den wahren Gott erkenne und ablasse von den Götzen. Aber auf keine Weise konnte er zum Glauben bekehrt werden, bis er endlich mit den Alemannen in einen Krieg geriet: da zwang ihn die Not zu bekennen, was sein Herz vordem verleugnet hatte. Als die beiden Heere zusammenstießen, kam es zu einem gewaltigen Blutbad, und Chlodwigs Heer war nahe daran, völlig vernichtet zu werden. Als er das sah, erhob er seine Augen zum Himmel, sein Herz wurde gerührt, seine Augen füllten sich mit Tränen und er sprach: „Jesus Christus, Chrodechilde verkündet, du seiest der Sohn des lebendigen Gottes; Hilfe, sagt man, gebest du den Bedrängten, Sieg denen, die auf dich hoffen – ich flehe dich demütig an um deinen mächtigen Beistand: gewährst du mir jetzt den Sieg über diese meine Feinde und erfahre ich jetzt so jene Macht, die das Volk, das deinem Namen sich weiht, an dir erprobt zu haben rühmt, so will ich an dich glauben und mich taufen lassen, auf deinen Namen. Denn ich habe meine Götter angerufen, aber, wie ich erfahre, sind sie weit davon entfernt, mir zu helfen. Ich meine daher, ohnmächtig sind die, da sie denen nicht helfen, die ihnen dienen. Dich nun rufe ich an, und ich verlange, an dich zu glauben; nur entreiße mich aus der Hand der Widersacher". Und da er solches gesprochen hatte, wandten die Alemannen sich und fingen an zu fliehen.

Quelle: Einhard († 840) über das Geschlecht der Merowinger

Das Geschlecht der Merowinger, aus dem die Franken ihre Könige zu wählen pflegten, endete nach der gewöhnlichen Annahme mit König Hilderich, der auf Befehl des römischen Papstes Stephan abgesetzt, geschoren und ins Kloster geschickt wurde. Aber obwohl es erst mit ihm ausgestorben zu sein scheinen könnte, so war es doch schon längst ohne alle Lebenskraft und hatte außer dem eiteln Königstitel nichts Ruhmvolles an sich; denn die Macht und die Gewalt der Regierung waren in den Händen der Pfalzvorsteher, die Hausmeier hießen und denen die ganze Regierung oblag. Dem König blieb nichts übrig, als zufrieden mit dem bloßen Königsnamen, mit langem Haupthaar und ungeschorenem Bart auf dem Throne zu sitzen und den Herrscher zu spielen, die von überall her kommenden Gesandten anzuhören und ihnen bei ihrem Abgange die ihm eingelernten oder anbefohlenen Antworten wie aus eigener Machtvollkommenheit zu erteilen, da er außer dem nutzlosen Königstitel und einem unsicheren Lebensunterhalt, den ihm der Hausmeier nach Gutdünken zumaß, nur noch ein einziges, noch dazu sehr wenig einträgliches Hofgut besaß, auf dem er ein Wohnhaus hatte und Knechte in geringer Zahl, die ihm daraus das Notwendigste lieferten und ihm dienten. Überall, wohin er sich begeben musste, fuhr er auf einem Wagen, den ein Joch Ochsen zog und ein Rinderhirt nach Bauernweise lenkte. So fuhr er nach dem Palast, so zu der öffentlichen Volksgemeinde, die jährlich zum Nutzen des Reiches tagte, und so kehrte er dann wieder nach Hause zurück. Die Staatsverwaltung aber und alles, was im Inneren oder nach außen hin zu tun und zu ordnen war, besorgte der Hausmeier.

2 Der Aufstieg der Karolinger bis zu Karl dem Großen

Im Zuge der Entmachtung der Königsfamilie durch die Hausmeier kommt es zum Aufstieg eines Geschlechtes, das Mitte des 8. Jhs. auch die nominelle Königsgewalt im Frankenreich übernehmen wird: der Familie der Karolinger. Benannt wird diese Familie von der modernen Wissenschaft nach ihrem berühmtesten Vertreter, Karl dem Großen. Sie steigt seit dem 7. Jh. empor; als ihr „Spitzenahn" ist Bischof Arnulf von Metz († 640) anzusprechen. Nach diesem nennt man diese Familie auch „Arnulfinger". Da im Laufe der Geschichte dieser Familie der Name „Pippin" immer wieder vorkommt, lautet ein anderer Name der Familie „Pippiniden". Weil sie im Besitz des Hausmeieramtes ist, wird diese Familie der Arnulfinger-Pippiniden zur eigentlich staatstragenden Macht im Frankenreich.

732 besiegt der fränkische Hausmeier **Karl Martell** ein muslimisches Heer zwischen Tours und Poitiers; er bringt damit die arabische Expansion in Europa zum Stehen. Es scheint nur noch eine Frage der Zeit, bis diejenigen, die bereits faktisch die Macht besitzen, sie auch nominell zugewiesen bekommen. Diese Zeit kommt in der Mitte des 8. Jhs. Im November 751 setzt der fränkische Hausmeier Pippin der Jüngere († 768) den letzten König aus der Dynastie der Merowinger, Childerich III., ab. Childerich wird geschoren und ins Kloster gesteckt (die Klöster besitzen in dieser Zeit auch die Funktion von „Staatsgefängnissen"). An seiner Stelle wird Pippin „von allen Franken" zum König erhoben; es ist der Beginn der Herrschaft der Karolinger im Frankenreich.

Das Geschehen erfolgt mit ausdrücklicher Zustimmung des Papstes. Zuvor ist eine fränkische Gesandtschaft nach Rom gezogen und hat um eine päpstliche Rechtsauskunft gebeten. Sie fällt wunschgemäß aus: Es sei besser, so das päpstliche Schreiben, auch denjenigen König zu nennen, der die königliche Gewalt ausübe, als denjenigen, der ohne königliche Gewalt nur den Königsnamen innehabe. Damit seine Herrschaft so umfassend wie möglich legitimiert ist, geht Pippin noch einen Schritt weiter. Um das seiner Familie trotz aller Macht fehlende Geblütscharisma auszugleichen, lässt er sich mit geweihtem Öl salben. Er knüpft damit ganz bewusst an das Alte Testament an; in der dortigen Überlieferung waren es die Priesterkönige Saul, David und Salomon, die auf Befehl Gottes gesalbt worden sein sollen. Welcher Geistliche die Salbung vorgenommen hat, ist unsicher; der Bericht der **Reichsannalen**, wonach Bonifatius, der aus England stam-

Karl Martell – „der benachbarte Reiche wie mit dem Hammer zermalmt"

Der fränkische Hausmeier Karl Martell ist eine der entscheidenden Figuren der fränkischen Politik im frühen 8. Jh. ca. 688/89 geboren, wird er von früh auf für den Krieg erzogen. Spätere Historiker – so Hugo von Flavigny im 10. Jh. – nennen ihn „Martell", weil er alle „benachbarten Reiche wie mit dem Hammer zermalmte". Jahr für Jahr zieht Karl Martell in den Krieg, um die fränkische Reichsgewalt zu sichern. Das Kriegführen ist für ihn ein so normaler Zustand, dass die Zeitgenossen es eigens vermerken, wenn er dies einmal nicht tut. Von 718–722 führt Karl Krieg in Friesland; es gelingt ihm dabei, das Land in den fränkischen Herrschaftsbereich zu integrieren. In den Jahren 720, 722, 724 und noch einmal 738 fällt Karl in Sachsen, 725 und 728 in Baiern ein. 732 vertreibt er den alemannischen Herzog Theudebald, 736 unterwirft er Aquitanien (das heutige Südwestfrankreich). Den Sieg, für den er in die Geschichte eingehen wird, erringt er jedoch 732 bei Poitiers gegen die Araber. Von ihrer 711 eingenommenen Bastion Spanien aus, überschreiten 719 die Araber die Pyrenäen; sie erobern die Stadt Narbonne, die sie für einige Zeit sogar zu einer Art Stützpunkt machen, um noch weiter ins Frankenreich vorzustoßen, bis nach Nîmes und Arles und durch das Rhône-Tal aufwärts bis zur Stadt Autun. Die Situation ist also bereits äußerst kritisch, als Abd-Ar-Rahman, der Statthalter des Kalifen in Spanien, ein großes Heer heranführt, das die Garonne überquert und die Städte Bordeaux und Poitiers erobert. Da stellt sich Karl Martell den Arabern zwischen Poitiers und Tours mit einer gewaltigen Heeresmacht entgegen. Die Franken gewinnen diese Schlacht. Abd-Ar-Rahman fällt, die Reste des arabischen Heeres ziehen im Schutz der Nacht ab. 737 fallen die Araber noch einmal ins Frankenreich ein und wieder stellt sich Karl ihnen erfolgreich entgegen. Seine Siege über die Araber – auch wenn sie später überhöht werden – besitzen eine große historische Bedeutung. Ohne sie hätte die Geschichte Europas möglicherweise einen vollständig anderen Verlauf genommen.

Reichsannalen Die Reichsannalen (*Annales regni Francorum*), deren älteste Handschrift aus dem Kloster Lorsch (heute Südhessen) stammt und die insgesamt eine höchst komplizierte Überlieferungsgeschichte besitzen, umspannen den Zeitraum von 741 bis 829. Wichtig in ihrer Beurteilung ist vor allem, dass es sich bei ihnen in keiner Weise um einen neutralen Rapport handelt, sondern um ein regelrechtes Verlautbarungsorgan der Karolingerdynastie; ganz anders als die Gattung der Annalen (die eigentlich nüchterne Jahresberichte sind) es vorzugeben scheint, wird hier nicht einfach Faktum an Faktum gereiht, sondern in höchst geschickter Weise zugunsten der jeweiligen Herrscher Partei genommen. Dabei scheut man auch nicht vor Übertreibungen und Verfälschungen des Sachverhalts zurück. Vor allem an dem Bericht über die Absetzung des Bayernherzogs Tassilo 788 wird das deutlich.

mende Missionar und erste Erzbischof von Mainz, die Salbung ausgeführt habe, scheint lediglich eine Ausschmückung zu sein.

Doch die Geschichte von Geben und Nehmen ist noch nicht zu Ende. Der von den Langobarden in Mittelitalien bedrohte Papst Stephan II. flieht im Winter 753/54 über die Alpen ins Frankenreich. Am 6. Januar 754, dem symbolhaft gewählten Epiphaniastag, d.h. dem Tag der Erscheinung des Herrn, trifft er König Pippin in der Pfalz Ponthion zwischen den Städten Châlons und Troyes. Bei der Begegnung der beiden leistet der König dem Papst den ehrenvollen **Stratordienst**. In der Kirche von St. Denis, seit Dagobert die Grabeskirche der Frankenkönige, wird Pippin vom Papst noch einmal gesalbt. Weiterhin unterstellt der Papst Rom dem Schutz der fränkischen Könige und verleiht Pippin und seinen Söhnen den Titel eines „Schutzherrn der Römer" (*patricius Romanorum*). Offensichtlich werden hier aber noch weiterreichende Verabredungen zwischen Papst und fränkischem König getroffen. Wenig später, Ostern 754, beschließt Pippin zusammen mit den Großen des fränkischen Reiches den Heerzug gegen die Langobarden. Für den Fall des Sieges macht er dem Papst umfangreiche Gebietszusagen in Mittelitalien.

Noch im selben Jahr übersteigt Pippin mit einem fränkischen Heer die Alpen. In diesem ersten sowie in einem zwei Jahre später (756) folgenden zweiten Feldzug wird Aistulf besiegt und zur Rückgabe der von ihm eroberten Gebiete gezwungen. Diese Gebiete – das Exarchat von Ravenna und die Pentapolis – werden von Pippin dem Papst geschenkt („Pippinische Schenkung"). Gemeinsam mit dem „Dukat von Rom" bilden diese Gebiete die Grundlage des später so bezeichneten Kirchenstaates (*Patrimonium Petri*). Einiges deutet darauf hin, dass der Hintergrund dieser weitreichenden Schenkungsmaßnahme eine andere, allerdings „gefälschte" Schenkung war: die **Konstantinische Schenkung**.

3 Die Epoche Karls des Großen

Mit dem Tod König Pippins 768 betritt ein Mann die Bühne, der der ganzen Epoche seinen unverwechselbaren Stempel aufdrücken wird und der als eine der bekanntesten Figuren der gesamten europäischen Geschichte überhaupt gelten kann: Karl der Große. Er regiert anfangs zusammen mit seinem Bruder Karlmann, der jedoch bereits 771 stirbt. Seit diesem Jahr ist Karl Alleinherrscher.

Stratordienst Das Führen des päpstlichen Pferdes am Zügel und das Helfen des Papstes beim Absteigen (durch das Halten des Steigbügels).

Konstantinische Schenkung Die Konstantinische Schenkung ist eine vermutlich zwischen 750 und 800 im Auftrag des Papstes gefälschte Urkunde, die Kaiser Konstantin den Großen (306–337) als Aussteller und Papst Silvester I. (314–330) als Empfänger nennt. Die Urkunde besteht aus zwei Teilen: aus 1. der *Confessio* (einem Bericht über Heilung Konstantins vom Aussatz durch die Taufe) und 2. der *Donatio*. Dieser *Donatio* zufolge hat Kaiser Konstantin, als er Rom verlässt, um in Konstantinopel seine neue Hauptstadt zu errichten, Papst Silvester die Hoheit über Rom, Italien und den gesamten Westen überlassen. Im Umfeld Kaiser Ottos III. um 1000 und von der römischen Kommune im 12. Jh. bereits als unecht ausgegeben, wird die Konstantinische Schenkung im 15. Jh. endgültig als Fälschung erwiesen.

Quelle: Die Konstantinische Schenkung – eine am Papsthof angefertigte Fälschung auf den Namen Kaiser Konstantins (306–337)

[...] Damit die päpstliche Würde nicht geringer werde, sondern noch mehr als die Erhabenheit irdischer Herrschaft mit Macht und Ruhm ausgezeichnet werde, haben wir in Ausübung unserer kaiserlichen Befugnisse hiermit sowohl, wie gesagt, unseren Palast als auch die Stadt Rom und alle Provinzen Italiens und des Westens, das Land und die Städte, dem oft genannten seligen Papst, unserem Vater Silvester, dem allgemeinen Oberpriester, übergeben und hinterlassen. Wir bestimmen mit fester kaiserlicher Entscheidung durch diese unsere göttliche heilige Hand und einen rechtsgültigen Erlass, dass es seiner oder seiner Nachfolger Macht und Gewalt überlassen werde und immer unter der Rechtsprechung der heiligen römischen Kirche bleibe.

Deshalb hielten wir es für richtig, den Sitz unserer Regierung und königlichen Gewalt nach Osten zu verlegen und in der Provinz Byzanz an geeigneter Stelle eine Stadt mit unserem Namen zu bauen und dort unseren Regierungssitz zu errichten. Denn es ist nicht recht, dass dort, wo der himmlische Machthaber den ersten Priester und das Haupt der christlichen Kirche eingesetzt hat, auch der irdische Kaiser seine Macht ausübt.

Wir verfügen, dass all dies, was wir durch diese unsere kaiserliche heilige Hand und durch andere göttliche Erlasse bestimmt und festgelegt haben, bis zum Ende der Welt uneingeschränkt und unerschütterlich bestehen bleiben soll. Deshalb beschwören wir vor dem lebendigen Gott, [...] und seinem schrecklichen Gericht durch diesen unseren kaiserlichen Erlass alle uns nachfolgenden Kaiser und alle Häupter, auch die Statthalter, den erhabenen Senat und das ganze Volk auf der ganzen Erde, soweit sie jetzt, in Zukunft oder früher unserer Herrschaft unterliegt, dass es keinem von ihnen je erlaubt ist, dies, was wir durch kaiserliches Gesetz der allerheiligsten römischen Kirche oder all ihren Priestern überlassen haben, anzuzweifeln, zu vermindern oder irgendwie zu verändern. [...]

Ältere Konzepte aufnehmend, ist das Reich Karls unaufhörlich expansiv. Die Ausdehnungspolitik wird eingeleitet durch die Eroberung des Langobardenreichs 773–774. Angriffe von Desiderius', dem König der Langobarden, auf römisches Gebiet bieten Karl, der den Namen eines „Schutzherrn der Römer" im Titel führt, Gelegenheit zum Eingreifen. Der Papst fühlt sich aufs äußerste bedroht. Karl eilt dem *pontifex* zu Hilfe, nimmt den Kampf gegen Desiderius auf und zwingt die langobardische Hauptstadt Pavia zur Übergabe. König Desiderius wird entmachtet und ins Kloster gesteckt. Karl erneuert das Schenkungsversprechen seines Vaters, König Pippins. Das langobardische Reich wird jedoch nicht zerschlagen, sondern mit dem fränkischen Reich vereinigt. Es ist ein äußerst geschickter Schachzug: Ein neues Volk tritt so gleichberechtigt neben das der Franken, die Langobarden. Deutlich wird diese Vereinigung in der Intitulatio Karls des Großen: „König der Franken und Langobarden und Schutzherr der Römer" (*rex Francorum et Langobardorum atque patricius Romanorum*).

Auch nach der Eroberung des Langobardenreiches setzt Karl die fränkische Ausdehnungspolitik fort. In einem langen Zeitraum von mehr als 30 Jahren wird von 772–804 das Volk der Sachsen bekämpft. Kein Krieg sei von den Franken mit ähnlicher Ausdauer, Erbitterung und Mühe geführt worden wie dieser, wird später Karls Biograph Einhard († 840) dazu bemerken. Die Unterwerfung, Bekehrung und Eingliederung ins Frankenreich ist dabei am Anfang keineswegs beabsichtigt; dieses Kriegsziel bildet sich vielmehr erst im Laufe der Feldzüge heraus. Sächsische Burgen wie die Syburg oder die Eresburg werden erobert, dortige Heiligtümer (wie die Irminsul auf der Eresburg) zerstört. Der blutige Höhepunkt der Sachsenkriege ist das „Blutbad bei Verden an der Aller" 782, eine Vergeltungsmaßnahme für die Vernichtung eines fränkischen Heeres durch die Sachsen am Süntel im selben Jahr. In Verden sollen an einem Tag viereinhalbtausend Sachsen enthauptet worden sein. Der letzte größere Aufstand der Sachsen findet 792 nördlich der Elbe statt, doch bis 804 setzen sich kleinere Scharmützel fort.

Noch während die Auseinandersetzung mit den Sachsen anhält, folgt 788 ein nächster wichtiger Schritt: die Eingliederung Bayerns ins Frankenreich. Sie kann erst geschehen, nachdem auf der Ingelheimer Reichsversammlung, die im selben Jahr stattfindet, der Bayernherzog Tassilo aus der Familie der Agilofinger abgesetzt worden ist. Ursprünglich zum Tode verurteilt, mildert Karl der Große das Urteil ab: Er steckt Tassilo in Klosterhaft. Nach dem Bericht der Reichsannalen soll die Absetzung erfolgt

Karte 7: **Kurz nach 800 erreicht das Reich Karls des Großen († 814) seine größte Ausdehnung. Seine Ausmaße sind beeindruckend: es reicht vom Ebro bis zur Elbe, von der Nordsee bis nach Mittelitalien. Mit Hilfe von „Königsboten" (*missi dominici*) versucht Karl die gewaltigen Entfernungen zu überbrücken und die Amtsführung der lokalen Gewalten zu kontrollieren.**

sein aufgrund von Vasallitätsbruch (*harisliz*) im Jahr 763. Doch höchstwahrscheinlich wollen die Reichsannalen, die extrem pro-karolingisch abgefasst sind, um das schwerwiegende Geschehen zu rechtfertigen, hier gezielt die Unwahrheit verbreiten. Der Vorwurf des Vasallitätsbruchs ist schon deswegen nicht möglich, weil ein Vasalleneid von Tassilo höchstwahrscheinlich niemals geleistet worden ist. Vermutlich hat die Absetzung keinen anderen Hintergrund als den, einen der letzten Überreste der ‚alten‘ Herrschaftsordnung östlich des Rheins zu beseitigen.

Um das Reich vor äußeren Angreifern zu schützen, lässt Karl einen Gürtel von Markgrafschaften, d. h. kleineren politischen Einheiten mit der speziellen Aufgabe der Grenzverteidigung, errichten. So wird ab 785 die Spanische Mark eingerichtet. Ihr Aufbau ist begleitet von Misserfolgen: 778 erleiden die Franken im Tal von Roncesvalles eine Niederlage bei einem Feldzug gegen das Emirat von Cordoba, bei dem Graf Roland von der Bretagne den Tod findet (das Ereignis wird später vom Rolandslied aufgenommen werden, in dem Roland sich weigert, mit seinem wundersamen Horn Olifant Hilfe zu rufen, und sich opfert). 785 jedoch unterstellt sich die Stadt Gerona dem Befehl Karls des Großen. In dem 801/803 eroberten Barcelona erhält die Spanische Mark ihren Mittelpunkt.

Neben Feldzügen gegen die Slawen (789 Zug Karls d. Gr. gegen die **Wilzen**) sind vor allem die **Awaren**, wie die Hunnen oder später die Mongolen, ein aus Asien stammendes Reitervolk, ein wichtiger Kriegsgegner. In der Theißebene partiell sesshaft geworden, führen sie von ihren dortigen Basen aus immer wieder Beutezüge ins Gebiet des heutigen Österreich und nach Norditalien. 795 erobert Markgraf Erich von Friaul den Großen Ring der Awaren. Die „Ringe der Awaren", das sind große, wallartig angelegte Befestigungsanlagen mit vier Eingängen. In den Ringen wird die Beute jahrhundertelanger Feldzüge angehäuft. Im größten Ring residiert der Khagan, das Oberhaupt des Volkes. Unermessliche Schätze fallen den Franken anheim. Ein Teil der Beute wird – Zeichen des guten Einvernehmens zwischen Karl und der römischen Kirche – als Votivgabe dem neuen Papst Leo III. geschenkt.

Eines der folgenreichsten Ereignisse der mittelalterlichen Geschichte vollzieht sich am ersten Weihnachtsfeiertag des Jahres 800: die Kaiserkrönung Karls des Großen. Auch wenn manche zeitgenössischen Zeugnisse einen gegenteiligen Eindruck erwecken wollen: das Geschehen wird von langer Hand vorbereitet. Die Sache an sich ist durchaus prekär. Denn es gibt im damaligen Europa bereits einen Kaiser, nämlich den oströmischen,

Die karolingische Grafschaftsverfassung

Ein Graf (lat. *comes*) ist ursprünglich ein königlicher Amtsträger, den im Frankenreich die Merowingerkönige für ihre Belange einsetzen. Er hat die Aufgabe, das Königsgut zu verwalten, den Schutz des Königs zu garantieren sowie, sollte ein Krieg ausbrechen, das Heeresaufgebot zu organisieren. Da die Merowingerkönige jedoch immer schwächer und machtloser werden, gelingt es den Grafen zunehmend, sich zu verselbstständigen und eigene Herrschaften aufzubauen. Die Karolinger jedoch drehen nach ihrer Machtübernahme im Frankenreich 751 das Rad der Geschichte wieder zurück. Pippin und vor allem Karl der Große stellen unmissverständlich klar, dass es sich bei der Grafenwürde um ein Amt handele. Rechte und Pflichten der Amtsinhaber werden eindeutig festgelegt, und auch das Recht zur Ein- oder auch Absetzung der Grafen behalten sich die Karolinger vor. Da die Karolinger die alten Dukate (Herzogtümer) zerschlagen, stellt diese neue „karolingische Grafschaftsverfassung" ein zentrales Element der staatlichen Ordnung des Frankenreichs im etwa letzten Drittel des 8. Jhs. dar. Ein fast lückenloses, möglicherweise nur durch die Gebirgsregionen sowie andere unwegsame Gebiete unterbrochenes Netz von Grafschaftsbezirken zieht sich durch das gesamte Frankenreich. Absichtlich handelt es sich bei den Grafschaften der Karolingerzeit um nur sehr kleinräumige Gebilde, um die Möglichkeit autonomer Sonderentwicklungen bereits im Ansatz zu unterbinden. In ihren jeweiligen Grenzen lehnen sich diese Grafschaften durchaus an bereits bestehende Strukturen an: sie nehmen (so vor allem im ehemals römischen Westen) zum einen die Grenzen der ehemaligen Stadtbezirke, zum anderen die Umrisse der natürlichen Siedlungslandschaften der „Gaue" auf. Auch wenn keine genaue Zahl bekannt ist, so ist doch davon auszugehen, dass insgesamt mehrere Hundert Grafschaften im gesamten Karolingerreich bestehen und in ihrem Verbund dieses System tragen.

Wilzen Mit dem Namen „Wilzen" fasst man zur Zeit Karls des Großen einige slawische Stämme zusammen, die im Gebiet der mittleren Elbe beheimatet sind. Der Feldzug, den Karl 789 gegen diesen Stammesbund unternimmt und von dem sein Biograph Einhard im 12. Kapitel seines Werkes berichtet, wird ohne die Absicht dauerhafter Eroberung unternommen. Ziel des Feldzugs ist vielmehr die Grenzsicherung des kurze Zeit zuvor christlich gewordenen Sachsen. Lediglich die Burg des Anführers der Wilzen, eines Mannes namens Dragowit, wird schnell eingenommen und diesem eine Erklärung des Wohlverhaltens abgepresst. Der Versuch der Christianisierung des Gebiets unterbleibt.

Awaren Reiternomaden aus Innerasien, die im 5. Jh. am Kaspischen Meer auftauchen und von dort weiter nach Westen vordringen. Im 6. und 7. Jh. bedrohen sie das byzantinische Reich. Sie pressen dem Kaiser in Konstantinopel teilweise hohe Summen ab. Unter ihrem Khagan Bajan stoßen sie um 560 bis an die Donau vor. Zweimal überfallen Bajan und seine Mannen die Grenzlande des Frankenreichs an der Elbe. Bajan verbündet sich mit Alboin, dem König der Langobarden. Gemeinsam mit den Langobarden vernichten die Awaren das Reich der Gepiden in der Theißebene. Als die Langobarden 568 die Theißebene verlassen und nach Italien abziehen, nehmen die Awaren diese Region in ihren Besitz.

der in Konstantinopel residiert. Dort, in Byzanz, hat im Gegensatz zum Westen das römische Reich nie aufgehört zu existieren. Der Anspruch der Byzantiner auf das „römische Reich" ist eindeutig, wie man an ihrer herrscherlichen Selbstbezeichnung erkennen kann; sie lautet: „Kaiser der Römer" (*basileus tōn Rōmaiōn*).

Doch Karl scheint fest entschlossen, die Kaiserkrone, die höchstmögliche Erhöhung seiner Herrschaft, zu erlangen, allen Schwierigkeiten zum Trotz. 798 kommen, wie eine Kölner Notiz bezeugt, byzantinische Gesandte ins Frankenreich, um mit ihm über das Problem zu beraten. Ganz offensichtlich gehen die Gespräche ergebnislos zu Ende, wie der spätere Dissens nach der Kaiserkrönung Karls erweisen wird.

Das Geschehen, das schließlich zur Kaiserkrönung führt, hat aber noch einen ganz anderen Hintergrund: Ein Jahr nach diesen Verhandlungen, 799, gerät in Rom Papst Leo III., der Nachfolger Hadrians, in höchste Bedrängnis. Leo hat in der Ewigen Stadt zahlreiche Gegner, die ihm seine Amtsführung zum Vorwurf machen, ja ihn „krimineller und verbrecherischer Dinge" bezichtigen. Seine Feinde überfallen ihn bei einer Prozession am 25. April 799; man versucht ihn zu blenden und ihm die Zunge herauszuschneiden, d.h. amtsunfähig zu machen. Das Vorhaben misslingt jedoch; der Papst trägt nur leichte Verletzungen davon.

Daraufhin lässt Karl den Papst ins Frankenreich kommen; der fränkische König trifft sich mit Leo in Paderborn, fast an der Grenze der Zivilisation. Der Inhalt der Gespräche ist nicht genau zu erkennen; anzunehmen ist aber, dass es bereits hier um die Kaiserkrönung geht. Eine militärische Eskorte Karls bringt Leo daraufhin sicher nach Rom zurück. Im Herbst 800 zieht Karl selbst über die Alpen in Richtung Tiberstadt. Papst Leo reitet dem König entgegen; er begrüßt ihn am 23. November 800 am zwölften Meilenstein vor Rom. Dort speisen sie gemeinsam – eine symbolische Handlung, die die Eintracht beider demonstrieren soll. Am nächsten Tag (24. November) empfängt der Papst Karl auf den Treppen der Peterskirche. Ein fränkisches Vorauskommando hat offensichtlich für diesen Empfang gesorgt.

Vor der Kaiserkrönung kommt es zu einem folgenreichen Schritt: Karl beruft eine Synode ein, d.h. eine Kirchenversammlung, auf der er, der König selbst, den Vorsitz führt; es ist dies nichts anderes als der Beginn der kaiserlichen Romherrschaft, so wie sie spätere fränkische und deutsche Könige immer wieder für sich beanspruchen sollen. Die Synode beschäftigt sich mit den Verbrechen, derer Leo beschuldigt wurde. Leo leistet auf

Abb. 12: **Wohl unmittelbar vor der Kaiserkrönung von 800 wird im Triklinium, dem Prunksaal des Papstpalastes in Rom, ein Mosaik angebracht. Als zentrale Bildfigur ist der Heilige Petrus zu sehen, der Papst Leo III. das Pallium und Karl dem Großen eine Fahne überreicht; der viereckige Nimbus bei Leo und Karl kennzeichnet diese als lebende Personen. Es handelt sich bei der Darstellung um eine aquarellierte Nachzeichnung des Mosaiks.**

105

dieser Synode einen Reinigungseid, d.h. er bekräftigt, dass an den gegen ihn erhobenen Vorwürfen nichts Wahres ist. Damit ist der Papst rehabilitiert. Erst jetzt kann man zur Tat schreiten.

Zwei Tage nach diesem Eid, am 25. Dezember 800, empfängt Karl in der römischen Peterskirche aus den Händen Papst Leos III. die Kaiserkrone. Damit ist die Rolle des Papstes als dem einzig richtigen Koronator der Kaiserkrönung für das gesamte Mittelalter festgelegt – wer hierfür keinen willigen Papst zur Stelle hat, der wird sich einen eigenen kreieren. Aber auch der Ort des Geschehens wird prägend für Jahrhunderte: Bis ins 15. Jh. hinein, also fast bis zum Ende des Mittelalters, werden hier die Kaiserkrönungen stattfinden, von nur ganz wenigen Ausnahmen abgesehen. St. Peter ist seither der „rechte Ort". Auch Karls gleichnamiger Sohn wird bei dieser Gelegenheit vom Papst zum König gekrönt und gesalbt. Ob Karl selbst ebenfalls gesalbt wird, ist ungewiss.

Die diplomatischen Probleme, die die Rangerhöhung schafft, sind nicht gering. Sie werden sichtbar in dem ab 801 bezeugten Kaisertitel Karls. Der Titel muss Rücksicht nehmen auf die staatstragenden Völker des Frankenreichs, Franken und Langobarden, die den Vorgang nicht als Zurückstufung empfinden dürfen. Er betont aber andererseits unmissverständlich den Anspruch Karls auf das römische Reich: „Karl, allergnädigster, erhabener, von Gott gekrönter, großer, friedebringender Kaiser, der das römische Reich regiert und durch Gottes Barmherzigkeit auch König der Franken und Langobarden ist" (*Karolus serenissimus Augustus a deo coronatus magnus pacificus imperator Romanum gubernans imperium qui et per misericordiam dei rex Francorum et Langobardorum*). Dieser Anspruch auf das römische Reich, das heißt auf Vorherrschaft im damaligen Europa mit eindeutigem Bezug auf die Weltmacht der jüngeren Vergangenheit schlechthin, wird noch in etwas anderem sichtbar: in der Formel von der „Erneuerung des römischen Reiches" (*Renovatio Romani imperii*), die auf den Legenden der Kaiserbullen zu erscheinen beginnt. Der zweite Kaiser in Europa ist ein Stachel für Byzanz. Es bedarf langer Verhandlungen, um die Anerkennung Karls als Kaiser im Osten zu erwirken. Erst im Vertrag von Aachen 812 erkennt der oströmische Kaiser Michael I. gegen Verzicht Karls auf die Stadt Venedig und das dalmatinische Küstenland die Kaiserwürde Karls an. Doch das „Zweikaiserproblem" ist damit keineswegs grundsätzlich gelöst. An der Tatsache, dass es plötzlich zwei Kaiser gibt, kommt man so schnell nicht vorbei; bis ins hohe Mittelalter hinein wird das Problem immer wieder akut werden.

Quelle: Die Berichte über die Kaiserkrönung Karls des Großen zu Weihnachten 800

1. Der Bericht der Reichsannalen:
Als der König gerade am hl. Weihnachtstag sich vom Gebet vor dem Grab des sel. Apostels Petrus zur Messe erhob, setzte ihm Papst Leo eine Krone aufs Haupt, und das ganze Römervolk rief dazu: dem erhabenen Karl, dem von Gott gekrönten großen und friedenbringenden Kaiser der Römer Leben und Sieg! und nach den lobenden Zurufen wurde er vom Papst nach Sitte der alten Kaiser durch Kniefall geehrt und fortan, unter Wegfall des Titels Patricius, Kaiser und Augustus genannt.

2. Der Bericht des Liber pontificalis:
Am Tage der Geburt unseres Herrn Jesu Christi waren alle in der schon genannten Basilika des heiligen Apostels Petrus wiederum versammelt. Und da krönte ihn [Karl] der ehrwürdige und segenspendende Vorsteher eigenhändig mit der kostbaren Krone. Darauf riefen alle gläubigen und getreuen Römer, die den Schutz und die Liebe sahen, die er [Karl] der römischen Kirche und ihrem Vertreter gewährte, einmütig mit lauter Stimme auf Gottes Geheiß und des heiligen Petrus, des Himmelreiches Schlüsselträger, Eingebung aus: *Karolo piissimo Augusto, a Deo coronato magno et pacifico imperatori, vita et victoria!* Vor der heiligen Confessio des seligen Petrus ist das, unter Anrufung vieler Heiliger, dreimal ausgerufen worden, und vor allem ist er als Kaiser der Römer eingesetzt worden. Auf der Stelle salbte der heiligste Vorsteher und Oberpriester mit heiligem Öl Karl, seinen hervorragendsten Sohn, an demselben Tage der Geburt unseres Herrn Jesu Christi zum König.

3. Der Bericht Einhards († 840):
Damals war es, dass er die Benennung Kaiser und Augustus empfing; das war ihm zuerst so zuwider, dass er versicherte, er würde an jenem Tage, obgleich es ein hohes Fest war, die Kirche nicht betreten haben, wenn er des Papstes Absicht hätte vorherwissen können.

4. Die so genannte Kölner Notiz:
Karl nahm in Sachsen den dritten Teil des Volkes zu Geiseln (*hospites*). Es kamen Gesandte aus Griechenland, um ihm das Imperium zu übertragen. Er bestimmte das als das siebenhundertachtundneunzigste Jahr nach Christi Geburt.

Liber pontificalis Eine Sammlung von zumeist kurzen, stichwortartig angelegten Papstviten, die biographische Grunddaten der einzelnen Päpste liefern (Name, Nationalität, Vater, Amtszeit, Weihen usw.), in manchen Fällen aber auch sehr viel ausführlicher und literarisch gestaltet sind.

Bei allen immensen Erfolgen Karls: Das letzte Herrschaftsjahrzehnt ist überschattet von Unglücksfällen, Krisen und Rückschlägen. Missernten und Hungersnöte treten auf im Frankenreich. Auch die Nachfolgeordnung des Kaisers scheitert. Dabei hatte Karl versucht, für die Zeit nach seinem Tod rechtzeitig vorzusorgen: Nach einem Plan von 806, der Divisio regnorum, sollte Karls gleichnamiger Sohn die fränkische Mitte und die Neueroberungen im Osten, Pippin Italien sowie Ludwig der Fromme den Südwesten erhalten. Doch der Plan geht nicht auf, wiederholte Schicksalsschläge zerstören ihn: Pippin stirbt 810, Karl 811. Stattdessen ernennt Karl der Große den einzig verbliebenen Sohn Ludwig 813 zum Mitkaiser und zu seinem Nachfolger. Nach byzantinischem Vorbild lässt er ihn in Aachen, ohne Mitwirkung des Papstes, zum Kaiser krönen.

Ein Feldzug Karls gegen die Dänen, den immer unruhigen Nachbarn im Norden, schlägt fehl. Fast schlimmer noch: Während des Feldzugs, so wird berichtet, fällt Karl vom Pferd und verliert beim Sturz Mantel und Schwert; seine Begleiter müssen ihn wieder aufheben. Karls Biograph Einhard deutet dies als „Menetekel", als Vorzeichen für Karls Ende, ebenso wie die Zerstörung der hölzernen Rheinbrücke bei Mainz, deren Bauzeit zehn Jahre betragen hat; eine Feuersbrunst vernichtet sie völlig. Karl selbst scheint durch diese und andere Dinge tief beunruhigt: „Wir müssen vieles anders machen als bisher, viele unserer gewohnten Bräuche aufgeben und viel tun, was wir bisher nicht taten" – so verkündet er es 811 in einem **Kapitularientext**. Doch es gelingt ihm nicht mehr, derart weitreichende Konzeptionen, wie immer sie genau aussehen sollten, in die Tat umzusetzen. Karl stirbt am 28. Januar 814. In der Pfalzkapelle in Aachen, seiner Lieblingsresidenz, wird er beigesetzt.

4 Der Zerfall des Frankenreichs

Die Nachfolge Karls des Großen tritt sein Sohn Ludwig an, dem spätere Generationen den Beinamen „der Fromme" geben werden. Ludwig wird 816 von Papst Stephan IV. in Reims nochmals zum Kaiser gekrönt. Der Vorgang zeigt deutlich an, dass das Kaisertum ein Amt ist, das regulär nur vom Papst verliehen werden kann; das Ereignis vom Weihnachtstag 800 trägt über das Mitkaisertum von 813 einen Sieg davon. 823 wird die Krönung Ludwigs durch den Papst in Rom, dem „rechten Ort", wiederholt. Die Traditionsbildung von 800 verfestigt sich.

Abb. 13: **Das Frankenreich ist ein Reich ohne Hauptstadt.** Der fränkische König zieht von Pfalz zu Pfalz (der Begriff „Pfalz" kommt vom Palatin, jenem der sieben Hügel Roms, auf dem in der Antike der Kaiserpalast stand). Ein ganzes Netz von Pfalzen durchzieht das Frankenreich, besonders seine Kernregionen. Die „Lieblingspfalz" Karls des Großen ist Aachen, ein Ort, den der Kaiser nicht zuletzt wegen seiner heißen Quellen besonders liebt. Karl lässt diese Pfalz auf eine großartige Weise ausbauen. Die beiden Hauptbauten der weitläufigen Anlage sind die Königshalle links und die Marienkapelle rechts. Durch einen Verbindungsbau sind die beiden Komplexe miteinander verbunden. Sogar ein Tiergehege besitzt die Aachener Pfalz, wo man den Elefanten Abul-Abaz unterbringt, das wertvolle Geschenk des Kalifen Harun-al-Raschid, zu dem Karl diplomatische Kontakte unterhält (Modell nach der Rekonstruktion von Leo Hugot).

Kapitularien Unter Kapitularien versteht man königliche Anordnungen (mit Gesetzeskraft) zur Zeit der Karolinger, vor allem unter Karl dem Großen und Ludwig dem Frommen; ihren Namen haben sie aufgrund der Tatsache, dass sie in Kapitel (lat. *capitula*) unterteilt sind; zu ihrer weiteren Spezifizierung nennt man oft den Ort der Verkündung (z. B. „Kapitular von Herstal" o. ä.). Das mit Abstand berühmteste Kapitular ist das „Capitulare de villis", d. h. die Landgüterordnung Karls des Großen von ca. 795, die die Verwaltung und Bewirtschaftung der königlichen Güter regeln und dabei nicht zuletzt die Macht und den Einfluss der *iudices*, die für die Verwaltung dieser Güter zuständig sind, einschränken will. Nach dem Tod Ludwigs des Frommen (840) nimmt die Bedeutung der Kapitularien immer mehr ab.

Mit einer großangelegten Neuregelung seiner Herrschaft, der „Ordinatio imperii" von 817, will Ludwig der Fromme die Einheit des Frankenreichs zum Prinzip erheben. Zu bedenken ist, dass diese Einheit des Frankenreichs, so wie sie gegenwärtig besteht, nur durch einen Zufall zustande gekommen ist: durch die Tatsache, dass die anderen Söhne Karls frühzeitig gestorben sind und dass nur deshalb Ludwig Alleinherrscher des Frankenreichs geworden ist. In der „Ordinatio imperii" erhebt Ludwig seinen Sohn Lothar I. zum Mitkaiser und zu seinem Nachfolger; seinen jüngeren Söhnen Pippin und Ludwig dem Deutschen gibt er Aquitanien bzw. Bayern als Teilkönigreiche (*regna*). Über den Tod Ludwigs hinaus untersagt die „Ordinatio imperii" weitere Teilungen. Dem Prinzip nach ist die Aufteilung unmissverständlich. In allem sollen die Teilkönige dem Kaiser untergeordnet sein. Doch in der rauen Wirklichkeit misslingt der schön ausgedachte Plan. 833 kommt es zu einem Aufstand der Söhne gegen ihren Vater. Getragen wird dieser Aufstand lediglich durch den gemeinsamen Widerstand, aber kaum durch ein gemeinsames Ziel. Sowohl Kaiser Ludwig als auch die aufständischen Söhne rüsten ihre Heere. Im Sommer 833 liegen sich beide Heeresformationen in der Nähe der Stadt Colmar gegenüber. Auf dem „Rotfelde", das später den Namen „Lügenfeld" bekommt, wird Ludwig am 24. Juni 833 von seinen Gefolgsleuten verlassen. Er wird gefangen genommen, in ein Kloster nach Soissons gebracht und dort in strenger Haft gehalten. Er bekennt sich zum Vorwurf, er habe sein Amt schlecht verwaltet, nimmt das Büßergewand und tritt die Herrschaft ab. Doch es gibt erheblichen Widerstand gegen die entwürdigenden Formen der Absetzung, und auch die Interessen der Söhne decken sich nicht. So wird 834 Ludwig der Fromme wieder in das Kaiseramt eingesetzt. Noch sechs Jahre lang übt er es aus.

Neben der schweren Herrschaftskrise zu Beginn der dreißiger Jahre verbindet sich der Name Ludwigs des Frommen rückblickend vor allem mit zwei Ereignissen kirchenpolitischer Art. Mit Unterstützung Ludwigs des Frommen betreibt Benedikt von Aniane 816–819 eine Vereinheitlichung der klösterlichen Observanz. Auf der Aachener Synode von 816, deren Beschlüsse zur bindenden Norm für alle Mönche des Frankenreichs werden, erläutert er den Versammelten die Regel des Benedikt von Nursia (s. o., S. 22 f.). Benedikt von Aniane will den Mönchs- vom Kanonikerstand klar unterscheiden; wichtigstes Unterscheidungsmerkmal ist nach Benedikt von Aniane vor allem die persönliche Besitzlosigkeit des Mönches. Die Reform Benedikts prägt das klösterliche Leben des Frankenreichs

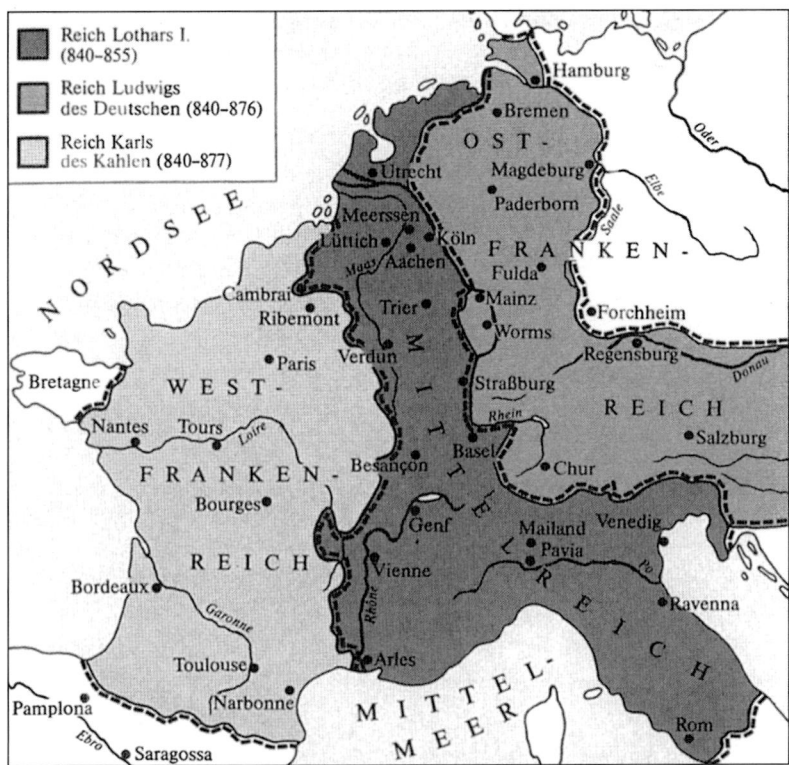

Karte 8: **Nach dem Tod Kaiser Ludwigs des Frommen († 840) zerfällt das Frankenreich.** Der Vertrag von Verdun 843 teilt das gewaltige Reich auf in drei Teilreiche: in ein Westfrankenreich, das Karl der Kahle († 877) erhält; in ein Mittelreich, dem Kaiser Lothar I. vorsteht († 855); und in ein Ostfrankenreich, das König Ludwig der Deutsche († 876) regiert. Das merkwürdige Aussehen des Mittelreichs, das sich von Mittelitalien bis nach Friesland erstreckt, erklärt sich aus der Tatsache, dass Lothar, der Italien regiert, als dem Inhaber der Kaiserwürde auch der Anspruch auf Aachen, die andere, nordalpine Kaiserstadt, zukommt.

entscheidend. Die nächste große klösterliche Reformbewegung wird diejenige sein, die man mit dem Namen „Cluny" verbindet (S. 24). Zum anderen gründet Ludwig der Fromme 831 in Hamburg ein Erzbistum. Er besetzt es mit dem Corveyer Mönch Ansgar (†865), der von hier aus seine Missionspolitik in Skandinavien fortsetzen und sogar noch einmal intensivieren kann.

Mit dem Tod Ludwigs des Frommen sind die divergierenden Kräfte nicht mehr aufzuhalten. Im Kampf um die Nachfolge Ludwigs kommt es zu einem Bruderkrieg. In der Schlacht von Fontenoy, südwestlich von Auxerre, besiegen 841 Ludwig der Deutsche und Karl der Kahle ihren Bruder Lothar. In den **Straßburger Eiden** von 842 bekräftigen Ludwig der Deutsche und Karl der Kahle ihr Bündnis gegen Lothar. Die Eide der Vasallen gelten als die jeweils ältesten Dokumente der französischen bzw. deutschen Sprache. Immer wieder kommt es zu Aktionen, die die Zusammengehörigkeit betonen sollen; wichtig ist hier vor allem die Einrichtung der ‚Frankentage'. Doch der Zerfall des Frankenreichs als Ganzes ist nicht aufzuhalten. Drei Verträge markieren die wichtigsten Stationen dieses Dekompositionsprozesses. In dem 843 abgeschlossenen Vertrag von Verdun, dem frühesten und wichtigsten dieser Verträge, einigen sich die Söhne Kaiser Ludwigs des Frommen auf eine Teilung des Frankenreichs: Kaiser Lothar I. (†855) erhält das Mittelreich von der Provence bis zur Nordsee. Ludwig der Deutsche (†876) erhält Ostfranken (das spätere Deutschland). Karl der Kahle (†877) erhält Westfranken (das spätere Frankreich). Im Vertrag von Meerssen 870 erweist sich dieses Mittelreich, das die beiden *sedes imperii* Rom und Aachen umfasst, als der große Verlierer: Es wird zwischen dem west- und ostfränkischen Reich geteilt. Im Vertrag von Ribemont 880 schließlich erwirbt das ostfränkische Reich sämtliche Gebiete des ehemaligen Mittelreichs; es schiebt damit seine politische Grenze weit in die Länder mit überwiegend romanischer Bevölkerung hinein.

Doch nicht nur im Inneren befindet sich das Frankenreich in Auflösung. Immer mehr wird ihm im Laufe des 9. Jhs. auch von Außen schwer zugesetzt. Diejenigen, die dies am stärksten tun, sind die **Normannen**. Bereits in der Spätzeit Kaiser Karls des Großen gibt es erste Angriffe auf das Frankenreich: 810 landen die Normannen mit 200 Schiffen an der friesischen Küste; sie verwüsten die friesischen Inseln und schlagen die Aufgebote in drei Schlachten. 100 Pfund Silber müssen die Friesen als Tribut zahlen. Erst als Karl der Große mit seinem Heer heranrückt, ziehen die Normannen wieder ab. Haben sich in der Zeit von Karls starker Herrschaft die Überfälle noch in

Straßburger Eide Am 14. Februar 842 treten Ludwig der Deutsche und sein Stiefbruder Karl der Kahle bei Straßburg vor ihren Heeren auf und leisten einen Eid; sie tun dies jeweils in einer Sprache, die dem Heer des Bruders verständlich ist: Ludwig also auf Altfranzösisch, Karl auf Althochdeutsch. Nach dieser Eidesleistung Ludwigs und Karls schwören auch die Heere der beiden Brüder (diese jeweils in ihrer eigenen Sprache), dass der Inhalt ihres Versprechens so lange gelten solle, wie ihr Herrscher sein Versprechen gegenüber dem Bruder einhalte. Der Wortlaut der sprachgeschichtlich bedeutsamen Eide wird vom fränkischen Historiker Nithard († 845) überliefert.

Die Normannen bzw. Wikinger

Es gibt im Wesentlichen zwei Bedeutungen des Begriffs „Normannen". Man versteht darunter entweder alle Skandinavier, die vom 8. bis zum 11. Jh. zumeist auf Schiffen ihre Heimat verlassen, fremde Länder heimsuchen und sich zumindest teilweise auch dort niederlassen. Man versteht darunter, in einer enger gefassten Bedeutung des Begriffs, zum anderen aber auch nur die Dänen und Norweger, die zu dieser Zeit nach West- und Südeuropa übergreifen. Wendet man den Normannen-Begriff in diesem zweiten Sinne an, dann setzt man die Normannen ab von den „Warägern", worunter man die aus Schweden stammenden Normannen versteht. Diese ziehen nicht in Richtung Westen, sondern nach Osten, um dort ihre Herrschaften zu gründen. Der Name „Normannen" ist relativ einfach zu erklären: Er bedeutet einfach nur „Nordmannen". Er ist keine Eigen-, sondern eine Fremdbezeichnung; er bezieht sich auf die Himmelsrichtung, aus der diese Leute aus der Sicht jener, die dies beobachten, kommen. Es gibt jedoch noch einen anderen Namen für die Normannen, nämlich „Wikinger". Niemand weiß, wo dieser Name tatsächlich herkommt; es gibt verschiedene Deutungen. Der Name könnte sich – erstens – beziehen auf die Landschaft „Viken", die am Oslofjord liegt. Er könnte sich – als zweite Möglichkeit – aber auch auf „Leute von der Bucht" beziehen, da diese Wikinger immer in geschützten Buchten an Land gehen und von dort aus ihre Beutezüge ins Landesinnere starten. Eine dritte Möglichkeit besteht darin, den Begriff vom angelsächsischen Wort *wic* abzuleiten; das Wort *wic* (es steckt noch heute in Ortsnamen wie Schleswig oder Bardowick) bezöge sich dann auf Leute, die von einem befestigten Platz aus Handel treiben. Einer letzten Möglichkeit zufolge könnte sich der Name „Wikinger" einfach nur vom altnordischen *vig*, das heißt von „der Kämpfer", ableiten. Woher immer der Name auch kommt: Das wikingische bzw. normannische Zeitalter beginnt im späten 8. Jh. 789 landen drei Wikingerschiffe bei Portland/Dorset in Südengland, um dort zu plündern und zu rauben. Vier Jahre später, 793, überfallen norwegische Wikinger das Kloster Lindisfarne. Die bedeutende geistliche Kommunität, gelegen auf einer kleinen Insel hoch im Norden Englands, ist bereits im 7. Jh. gegründet worden; sie gilt als eine der Pflanzstätten der abendländischen Kultur, viele kostbare Bücher und Handschriften werden dort in mühevoller Kleinarbeit hergestellt. Der Überfall, der einen großen Schaden anrichtet, entsetzt die abendländische Christenheit; diese weiß nun, mit wem sie es zu tun hat. Im 9. Jh. reißt die Kette normannischer Plünderungszüge nicht mehr ab.

Grenzen gehalten, so gewinnen sie seit dem letzten Herrschaftsjahrzehnt Ludwigs des Frommen eine ganz neue Dimension. 834 überfallen die Normannen mit einer starken Flotte noch einmal Friesland und verheeren die Region. Vor allem Dorestad, ein reicher Handelsplatz im Mündungsgebiet des Rheins, wird zerstört; viele Bewohner werden hierbei getötet oder als Gefangene fortgeschleppt. Namentlich die Küstengebiete im Westen des Frankenreichs, etwa zwischen Friesland und der Seinemündung, sind in der Folgezeit kontinuierlich Ziele normannischer Raubzüge, die fast immer nach dem gleichen Muster ablaufen. Für die Annalisten, die diese Geschehnisse aufzeichnen, werden die normannischen Überfälle schon bald zu einem vertrauten Thema. Vor einer großen Reichsversammlung fordert Kaiser Ludwig der Fromme Rechenschaft von denen, die er speziell zum Schutz des Landes als Anführer einsetzt. Dabei kommt offensichtlich zum Vorschein, dass die Landesverteidigung zum Teil völlig ineffizient organisiert und in nicht wenigen Fällen auch das Pflichtbewusstsein jener Anführer nur schwach ausgeprägt ist.

Auch die Nachfolger Ludwigs des Frommen, Karl der Kahle, Lothar I. und Ludwig der Deutsche sind in ihren Reichsteilen gegen die Eindringlinge machtlos. Zwar sind es hauptsächlich die Reiche Karls des Kahlen und Lothars I., die von den „Nordmännern" heimgesucht werden. Doch auch die im östlichen Reichsteil gelegene Stadt Hamburg, in der 831 von Kaiser Ludwig dem Frommen ein Erzbistumssitz errichtet worden ist, bekommt die ganze Wucht eines normannischen Angriffs zu spüren. Das Ereignis gräbt sich nicht zuletzt deswegen tief ins Gedächtnis der Menschen ein, weil bei dem Überfall Feuer gelegt wird und die Bischofskirche in Flammen aufgeht. Viele kostbare Bücher, Kirchengerät und -schätze werden durch den Brand vernichtet. Die Menschen, die völlig unvorbereitet sind und vor den Angreifern nur ihr nacktes Leben retten können, sind entsetzt. Der Sitz des Hamburger Erzbischofs aber wird daraufhin nach Bremen verlagert.

Die Erfolge wecken bei den Normannen Lust auf immer mehr Beute. Mehr und mehr belassen sie es nicht dabei, allein die Küstenstriche des Frankenreichs heimzusuchen. Mit ihren flachen, beweglichen Schiffen sind sie in der Lage auch größere Flüsse – wie etwa Rhein oder Seine – hinaufzusegeln und Städte selbst weit im Landesinnern zu überfallen; allein die Stadt Paris wird auf diese Weise mehrfach geplündert. Die Normannen beginnen auch an bestimmten, ihnen dafür besonders geeignet erscheinenden Punkten feste Stützpunkte mit kleineren Ansiedlungen zu errichten – so geschehen bereits 843 auf Noirmoutier oder 879 auf Asselt in Flandern.

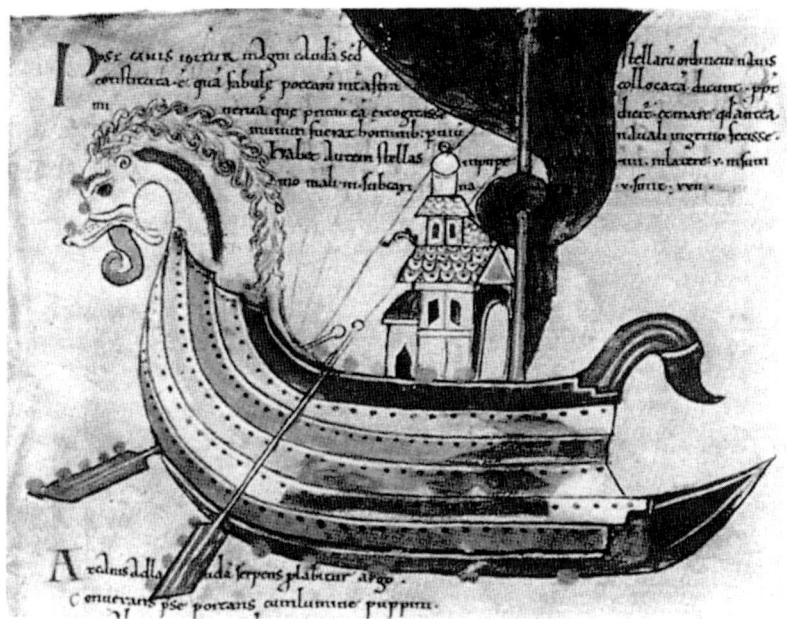

Abb. 14: **Wichtigstes Kriegsinstrument der Normannen bzw. Wikinger sind ihre berühmten Schiffe; sie sind flach und können sich so fast ungehindert die Flüsse des Frankenreiches bis tief ins Binnenland hinein hinaufschieben. Die hier zu sehende Darstellung stammt aus dem 10. Jh. Gut zu erkennen ist die typische Plankenbauweise der Wikingerschiffe. Die Größe des Drachenkopfs ist sicher unrealistisch, doch er zeigt, wie sehr sich die Menschen vor den Wikingern und ihren Plünderungszügen fürchten.**

Immer weiter treiben die Normannen ihre Fahrten und Züge, auch über den unmittelbaren Machtbereich des Frankenreichs hinaus. Bis an die Küsten der Iberischen Halbinsel, nach Irland, ja selbst bis ins Mittelmeer hinein bahnen sich die Drachenschiffe ihren Weg. Erst um die Jahrhundertwende verebbt die Gefahr. Die Normannen werden sesshaft gemacht oder steuern andere, weit übers Meer gelegene Ziele an. Ihre Reisen gehen jetzt bis nach Island, Grönland und sogar bis nach Amerika.

Längst aber setzen zu dieser Zeit andere Völker die Einfälle ins Frankenreich fort: so vor allem die **Ungarn**, die, aus östlicher Richtung, erstmals 869 ins Reich Ludwigs des Deutschen einfallen. Vor allem seit den 90er Jahren des 9. Jhs. und noch lange bis ins 10. Jh. hinein stellen ihre Beutezüge für das Frankenreich und seine Nachfolgestaaten eine große Gefahr dar; kaum wird man ihrer Herr. Eine weitere, nicht zu unterschätzende Gefahrenquelle für das Frankenreich liegt im Süden: die **Sarazenen** in Nordafrika.

Zwar kommt es 885 noch einmal zu einer Vereinigung der karolingischen Teilreiche durch den seit 884 regierenden ostfränkischen Herrscher Karl III. (den man seit dem 12. Jh. ‚den Dicken' nennt), wobei Karl im Westen nur nominell anerkannt wird. Doch im November 887 wird Karl, der schwer krank ist und an immer wieder auftretenden epileptischen Anfällen leidet, auf einer Versammlung ostfränkischer Großer zu Tribur (in der Nähe von Frankfurt am Main) abgesetzt. Als Nachfolger bestimmen die Großen, die hier erste Anzeichen selbstständigen Handelns erkennen lassen, Arnulf von Kärnten. Vom 17. November 887 stammt die letzte Herrscherurkunde Karls, vom 27. November die erste Arnulfs. Karl III. erbittet sich einige Königshöfe in Schwaben und zieht sich, von allen verlassen, zurück. Bald darauf – am 13. Januar 888 – stirbt er in Neudingen an der Donau; auf der Klosterinsel Reichenau im Bodensee wird er begraben. Neben Arnulf von Kärnten treten jetzt auch andere auf und greifen in den verschiedensten Teilen des Frankenreichs nach der Macht: so in Italien Berengar von Friaul, der sich im Januar 888 in Pavia zum König des italischen Regnums (Königreichs) krönen lässt; so in Westfranken der Robertiner Odo, der Ende Februar/Anfang März die Krone nimmt. Die Einheit des Frankenreichs ist nur noch eine Fiktion; das Reich, das Karl der Große schuf, existiert nur noch dem Namen, aber nicht mehr der Sache nach. Der neue Herrscher des Ostreichs aber heißt Arnulf von Kärnten.

Arnulf ist der uneheliche Sohn König Karlmanns, der nach dem Tod seines Vaters, Ludwigs des Deutschen (†876), im ostfränkischen Reich die

Ungarn Das der ugro-finnischen Sprachfamilie zuzurechnende Volk der Ungarn (Magyaren) sitzt zunächst im „Etelköz" („Zweistromland") zwischen dem Fluss Don und dem weitverzweigten Donaudelta. Dort werden sie von den Bulgaren und den Petschenegen bedrängt und weichen, um deren Druck nachzugeben, nach Westen, in die Ebenen der Theiß und der mittleren Donau, aus. Das bereitet ihnen keine Mühe, denn sie sind geborene Nomaden und leben in Zelten. An ihren neuen Sitzen werden sie rasch sesshaft, doch immer wieder fallen sie von dort aus ins östliche Frankenreich, aber auch nach Oberitalien ein. Erst 955 können sie von Otto dem Großen auf dem Lechfeld entscheidend geschlagen werden. Eine neue Phase in ihrer Geschichte beginnt.

Sarazenen Anderer Name für die Araber, die 827 die Insel Sizilien erobern, die sich bis dahin im Besitz des byzantinischen Reiches befindet. Immer wieder brechen die Sarazenen im 9. Jh. zu Plünderungszügen auf, die sie bis an die Küsten Liguriens und der Provençe führen. 842 segeln sie die Rhône hinauf und plündern die alte, noch aus der Römerzeit stammende Stadt Arles, und ähnlich wie die Normannen errichten sich die Sarazenen im Feindesland feste Stützpunkte, um ihre militärischen Operationen noch erfolgreicher gestalten zu können. Auch die Stadt Rom ist, zum Schrecken der Christenheit, von den Sarazenen bedroht; zum Schutz der Apostelgräber errichtet Papst Leo IV. um den Petersdom die „leoninische Mauer".

Imperatores Italiae Mit dem Begriff *imperatores Italiae* bezeichnet man eine Gruppe von italienischen Territorialherren und Königen, die nach der Absetzung des kranken Kaisers Karls III., des Dicken, und dem endgültigen Zerfall des Frankenreichs in seine Teile von den Päpsten zu „Kaisern" gekrönt werden. Sie besitzen jedoch über die Grenzen Italiens hinaus keinerlei wirkliche Autorität und Anerkennung. Zunächst wird Anfang 891 Herzog Wido von Spoleto (891–894) von Papst Formosus (891–896) zum Kaiser gekrönt. Dann folgt Kaiser Lambert (892–899), der aus demselben Hause stammt. Auch er wird von Formosus gekrönt. Gegen seine „Geschöpfe" ruft Papst Formosus, der sich nach seinem Tod einem schauerlichen Leichengericht unterziehen muss, den ostfränkischen König Arnulf von Kärnten zur Hilfe. Im Dezember 915 schließlich krönt Papst Johannes X. den italischen König Berengar von Friaul (888–924) zum Kaiser; ein burgundisches Gegenkaisertum steht ihm gegenüber in Gestalt des blinden Kaisers Ludwig III. (901–928) (Ludwig wird 905 von Berengar geblendet und aus Italien vertrieben).

Regierung übernommen hat (bevor dieser wiederum von Karl III., dem Dicken, abgelöst worden ist). Einer der Mittelpunkte der Herrschaft Arnulfs im Ostfrankenreich ist die Stadt Regensburg an der Donau; hier lässt er eine neue Pfalz erbauen und hält eine Reihe von wichtigen Reichsversammlungen ab; auch mehrere Aufenthalte über Winter und die Feier hoher kirchlicher Festtage sind für diese Stadt bezeugt. Von Bayern aus versucht Arnulf seine Position im Ostfrankenreich insgesamt zu stärken und auszubauen, und dies scheint ihm auch zu gelingen; langfristig freilich trägt eine solche Politik zu einer immer stärkeren Separierung des ostfränkischen Reichsteils bei. Arnulf kämpft erfolgreich gegen die Normannen. Auch eine aktive Italienpolitik nimmt er auf und versucht eine Reihe von lokalen Machthabern (**imperatores Italiae**, S. 117), die auf der Apenninenhalbinsel nach dem Tod Karls III. ihre Herrschaften gebildet haben, unter seine Botmäßigkeit zu bringen. Nach der Eroberung der Stadt Rom 896 wird er von Papst Formosus zum Kaiser gekrönt. Krankheitsbedingt zieht sich Arnulf danach jedoch weitgehend nach Bayern zurück. Er stirbt 899.

An seiner Stelle wird am 4. Februar 900 Ludwig das Kind, der sechsjährige legitime Sohn Arnulfs, in Forchheim durch die Geistlichkeit und die Aristokratie zum König erhoben. Bereits 897, also noch zu Lebzeiten des Vaters, haben die Großen des Landes dem Knaben gehuldigt und ihm den Treueid geleistet. Nach dem Tod seines Halbbruders Zwentibold am 13. August 900 fällt auch noch Lotharingien in den Herrschaftsbereich des Kindes. Es ist (wie bei einem Kind kaum anders zu erwarten) eine Zeit des Chaos für das ostfränkische Reich, auch wenn Ludwig wie ein richtiger König nach seiner Thronerhebung sein Reich durchzieht. Im hessisch-mainfränkischen Raum streiten zu dieser Zeit zwei mächtige Familien um die Vormachtstellung: die Konradiner und die Babenberger. In die Geschichte werden diese Kriege als die Babenbergerfehde eingehen; der Konflikt endet nach einer Intervention Erzbischof Hattos von Mainz mit der Hinrichtung des Grafen Adalbert von Babenberg am 9. September 906. Bei all dem halten die massiven äußeren Bedrohungen des Reiches an. Bischof Salomo von Konstanz, der gleichzeitig auch Abt von St. Gallen ist, einer der wichtigsten Staatsmänner der Zeit, scheint eine weit verbreitete Stimmung in Sprache zu kleiden, wenn er am Ende eines Klagegedichts über die Zustände der Zeit die Worte Salomos bemüht: „Wehe Dir, Land, dessen König ein Kind ist!"

Karte 9: **Nach dem Vertrag von Meerssen 870, der das Mittelreich nördlich der Alpen zwischen dem West- und Ostfrankenreich teilt, geht der Dekompositionsprozess des Frankenreichs unaufhörlich weiter. Durch den Vertrag von Ribemont 880 kann sich das Ostfrankenreich weiter nach Westen ausdehnen, selbst über die germanisch-romanische Sprachgrenze hinweg.**

Schluss und Ausblick

Die Grundstrukturen jener Geschichtsepoche, die man Mittelalter nennt, sind in den Phänomenen „Bäuerliches Leben", „Kloster- und Mönchsleben", „Rittertum", „Stadt und Bürgertum", „Schulen und Universitäten" sowie im „Leben als Außenseiter" beschrieben worden; sicherlich stellen auch diese Phänomene nur eine Auswahl von dem dar, was als Grundlage, Grundordnung, Grundstruktur gelten könnte, doch scheint sie berechtigt, da sich besonders viel Typisches und Charakteristisches des Mittelalters in diesen Phänomenen zu spiegeln scheint.

Begonnen wurde mit dem Leben auf dem Land und in der Landwirtschaft, das sich besonders intensiv vom Institut der bäuerlichen Grundherrschaft, der Herrschaft über Land und Leute, geprägt zeigt. Dominiert ist dieses Leben, jenseits aller sozialen Bindungen, ganz von den Gewalten der Natur, die immer wieder zu Ernteausfällen und Hungersnöten führen, allen technischen Verbesserungen zum Trotz.

In der Welt der Klöster und der Orden dominiert zunächst die Gemeinschaft der Mönche Benedikts von Nursia und seiner Nachfolger. Im Laufe des Mittelalters nach außen hin reich geworden, nach innen in einem liturgischen Dickicht erstarrt, treten eine ganze Reihe anderer Orden an, um das klösterliche Leben mit je verschiedenen Ansätzen zu erneuern: Zisterzienser, Franziskaner, Dominikaner und andere.

Untrennbar verbunden mit dem Lehnswesen, das im Frankenreich und seinem westfränkisch-französischen Nachfolgestaat in besonders ausgeprägter Weise vorhanden ist, wandelt sich die Erscheinungsform des Ritters im Laufe des Mittelalters: aus einer physischen Tätigkeit – dem Kampf zu Pferde – wird ein Stand, eine Idee, ein Ideal: das Rittertum. Die Nachwelt sieht in ihm das Mittelalterliche am Mittelalter auf eine ganz besonders reine Weise verkörpert, doch können, wenn nicht eine Welt, so doch einzelne Menschen in ihr auch an ihren Idealen zugrunde gehen, wovon nicht wenige Beispiele zeugen.

Spielte in der primär agrarisch geprägten Welt des frühen Mittelalters die Stadt als konstitutives Element des menschlichen Lebens nur eine untergeordnete Rolle, so kommt es, unter immer größerer Zunahme der Bevölkerung, im Laufe des 8., 9. und 10. Jhs. zu einem Aufschwung des

Städtewesens: Die alten Römerstädte werden ausgebaut, neue Städte entstehen an den unterschiedlichsten Orten und zu den unterschiedlichsten Bedingungen. Mehr und mehr gewinnt die Stadt als Lebensraum eine ungeheure Attraktivität, zieht Menschen unterschiedlichster Couleur in ihren Bann, wandelt ihre Rechte nach Außen und ihre Verfassung nach Innen. Ein mächtiges, einflussreiches Stadtbürgertum entsteht, ihm zur Seite, die ebenfalls immer mächtiger werdenden Handwerker und ihre nach Mitsprache drängenden Interessenvertretungen, die Zünfte.

Im Bereich von Schule und Ausbildung scheinen im frühen Mittelalter die Klosterschulen zunächst den Domschulen überlegen; alsbald jedoch wendet sich das Blatt, und es sind die Domschulen (die berühmtesten unter ihnen gibt es in Westeuropa, vor allem in Frankreich), die die neuen Strömungen der Zeit aufnehmen und selber neue Impulse geben – solange zumindest, bis ihre intellektuelle Vorrangstellung im 12. Jh. durch die in Paris und Oberitalien entstehenden Universitäten abgelöst wird. Die Universitäten sind und bleiben, allen Wandlungen und Deformationen zum Trotz, eine der bedeutendsten Erbschaften des europäischen Mittelalters bis auf den heutigen Tag.

Wie wenig Grund jedoch dazu besteht, das Mittelalter zu verklären, zeigt der Umgang der mittelalterlichen Welt mit ihren Außenseitern, mit Menschen, die in irgendeiner Weise nicht in das vorgeprägte Schema passen: Aussätzige, Bettler, Ausübende unehrlicher Berufe. Sie werden auf eine scharfe Weise ausgegrenzt, ihr Außenseitertum wird ihnen jeden Tag schmerzlich bewusst gemacht. Eine Sonderrolle unter diesen Außenseitern kommt dabei den Juden zu. Als einzige nichtchristliche Religion im Europa des Mittelalters überhaupt geduldet, sehen sie sich – zunächst im Verlaufe des Ersten Kreuzzugs, später vor allem im Rahmen der Pestkatastrophe des 14. Jhs. – schweren Leiden und Verfolgungen ausgesetzt.

Nach dem strukturgeschichtlichen Überblick über die Epoche bilden die „Völkerwanderung" und das „Frankenreich" die ereignisgeschichtlichen Teile dieses Buches. Die unter dem Namen „Völkerwanderung" (ca. 375–600) bekannt gewordenen Geschichtsprozesse werden zunächst anhand der Schicksale der Völker der Westgoten und der Ostgoten aufgezeigt. Nach Überschreitung der Donau des zuvor am Karpatenbogen lebenden Volkes der Westgoten 376 und dem Abschluss eines regelrechten Vertrages (*foedus*) mit dem römischen Kaiser Theodosius, kommt es, nach dem Bruch mit Rom, zum Zug der Westgoten nach Italien unter ihrem König Alarich. Nach der von den Zeitgenossen als Katastrophe gewerteten

Einnahme Roms 410 und dem frühen Tod Alarichs noch im selben Jahr, ändern die Westgoten, auf dem Sprung nach Nordafrika befindlich, ihre Marschrichtung und ziehen ab in den Westen des Reiches. Hier kommt es – im südlichen Gallien bzw. auf der Iberischen Halbinsel – zu den gotischen Herrschaftsbildungen des tolosanischen und des toledanischen Reiches; während ersteres 507 vom expandierenden Frankenreich erobert wird, hält sich die gotische Herrschaft jenseits des Pyrenäenriegels bis ins Jahr 711 – bis die die Straße von Gibraltar überquerenden arabisch-muslimischen Berberstämme unter Führung Tariks die Halbinsel einnehmen und, in abgelegenen Bergregionen, nur noch wenige gotische Herrschaften übrig lassen. Diese jedoch werden alsbald zur Keimzelle der „Reconquista", der bis 1492 dauernden christlichen Rückeroberung. Die Ostgoten indessen, die zunächst unter hunnischer Oberherrschaft stehen, ziehen, abgesichert durch einen Vertrag mit Kaiser Zenon vom Sommer 488, knapp 70 Jahre nach dem dortigen Auftreten der Westgoten ebenfalls nach Italien und errichten hier unter ihrem König Theoderich ein bedeutendes Reich. Nach dem Tod ihres Anführers 526, der eine zentrale Rolle im zeitgenössischen europäischen Mächtesystem gespielt hat, zerfällt dieses Reich. Von Belisar und Narses, den Feldherrn des oströmischen Kaisers Justinian erobert, wird es in den Verband des (von Konstantinopel aus gelenkten) Imperium Romanum wiedereingegliedert.

Nachdem sich um 400 die vandalischen Teilstämme der Silingen (mit Sitzen im Gebiet des späteren Schlesien) und Hasdingen (mit Sitzen an der Theiß) mit Angehörigen der Sueben und Alanen zu einem Stammesverbund zusammengeschlossen haben, ziehen sie in Richtung Westen. Sie überqueren den Rhein und die Pyrenäen, setzen schließlich 429 über die Meerenge von Gibraltar, erobern den nordafrikanischen Küstenstreifen und gründen hier ein eigenes Reich. Von Belisar und seinen Truppen wird dieses Reich ebenso zerstört und in das römische Reich wieder eingegliedert (533) wie etwa 20 Jahre später das italische Reich der Ostgoten. Die Burgunder hingegen – die um 400 ihre Sitze im Oder-Weichsel-Gebiet verlassen haben und nach Westen gezogen sind – gründen nach Anweisung des Kaisers Honorius am Mittelrhein (mit Zentrum wohl in Worms) eine eigene Herrschaft. Nach deren Untergang 443 bauen sie sich ein neues Reich auf im Rhônetal und am Genfer See; es wird 534 – wie knapp 30 Jahre zuvor das tolosanische Westgotenreich – vom Frankenreich einverleibt, doch ist damit die burgundische Geschichte des Mittelalters noch längst nicht an ihr Ende gekommen. Zu Ende freilich ist zu Beginn des 5. Jhs. definitiv die römische Herrschaft über Britannien, die in der ersten Hälfte des 1. Jhs. begonnen hat. Nachdem die Römer abgezogen sind, werden die autochthonen Briten zunehmend von den Pikten und Skoten bedroht. Sie rufen, um ihrer Herr zu werden, die Angeln und Sachsen zu Hilfe. Deren „Eroberung" der Insel ist freilich kein punktuelles Ereignis, sondern ein jahrhundertelanger Prozess. Die Vorgänge der Völkerwanderungsepoche schließen ab mit der Landnahme des aus dem Gebiet des späteren Norddeutschland aufgebrochenen Stammes der Langobarden in Italien 568. Mehr als zwei Jahrhunderte später wird ihr Königreich mit seinem Sitz in Pavia im fränkischen Reich Karls des Großen aufgehen (772).

Das fränkische Reich – wie man sieht, ist es völlig unmöglich, die Völkerwanderungszeit zu durchschreiten, ohne immer wieder auf diese europäische Großreichsbildung und seine Geschichte zu stoßen; insofern ist es sinnvoll, beides, Völkerwanderung und Frankenreich, in einem Band zu verklammern. Es ist die Gesetzmäßigkeit von „Aufstieg und Fall" (*rise and fall*), unter der das Frankenreich zu stehen scheint. Mit seiner Keimzelle im Gebiet etwa der heutigen Beneluxstaaten bzw. des heutigen Nordostfrankreich, dehnt sich dieses Reich über bedeutende Teile Westeuropas aus; es wird schließlich vom Ebro bis zur Elbe, vom Ärmelkanal bis nach Mittelitalien reichen. Es ist eine Epoche – im Sinne der älteren, so viel wie „Wendepunkt" meinenden Bedeutung des Wortes – in der Geschichte dieses Reiches, dass der aus dem Geschlecht der Merowinger stammende Frankenkönig Chlodwig nach Siegen über den Römer Syagrius und über die Alemannen sich um 500 in Reims katholisch taufen lässt; die historiographische Tradition tut ihr Übriges, um das Ereignis in seiner Bedeutung entsprechend zu stilisieren. Nach außen hin unaufhörlich expansiv, ist Dagobert I. († 639) der letzte Merowingerkönig, der neben der nominellen auch die faktische Macht besitzt. Danach entgleitet den Merowingern die Staatsgewalt. Sie liegt hinfort ganz in den Händen des „Hausmeier", einem Amt, das die Familie der Karolinger zu dem ihrigen gemacht hat. Das Königtum der Merowinger wird zur bloßen Farce. 751 wird mit Unterstützung des römischen Papsttums der entscheidende Schritt gewagt: der fränkische Hausmeier Pippin setzt den Merowingerkönig Childerich III. ab und lässt sich selbst zum König erheben. Pippins Sohn und Nachfolger Karl der Große († 814) führt das Frankenreich auf den Höhepunkt seiner Geschichte. Karl zwingt Langobarden und Sachsen in sein Reich und zerschlägt das alte Herzogtum Bayern.

Er lässt sich – in einem letztlich bis zum Ende des Alten Reiches und bis zu Napoleon nachwirkenden Vorgang – zu Weihnachten 800 vom Papst in Rom zum Kaiser krönen. Zeigt die Einheit des Reiches schon unter Karls Sohn und Nachfolger Ludwig dem Frommen Risse, so zerbricht sie vollends nach dem Tod Ludwigs im karolingischen Bruderkrieg. 843 wird es durch den Vertrag von Verdun in ein West-, ein Mittel- und ein Ostreich aufgeteilt. Bei nominell fortbestehender Einheit des Ganzen, schreitet die Dekomposition des Reiches, das von Normannen, Sarazenen und Ungarn auch von außen immer stärker bedroht wird, im Laufe des 9. Jhs. unaufhörlich voran. Während das Mittelreich in sich zerfällt, bilden sich in vielschichtigen Prozessen von langer Dauer aus dem West- bzw. dem Ostfrankenreich Frankreich und Deutschland heraus.

Karolinger

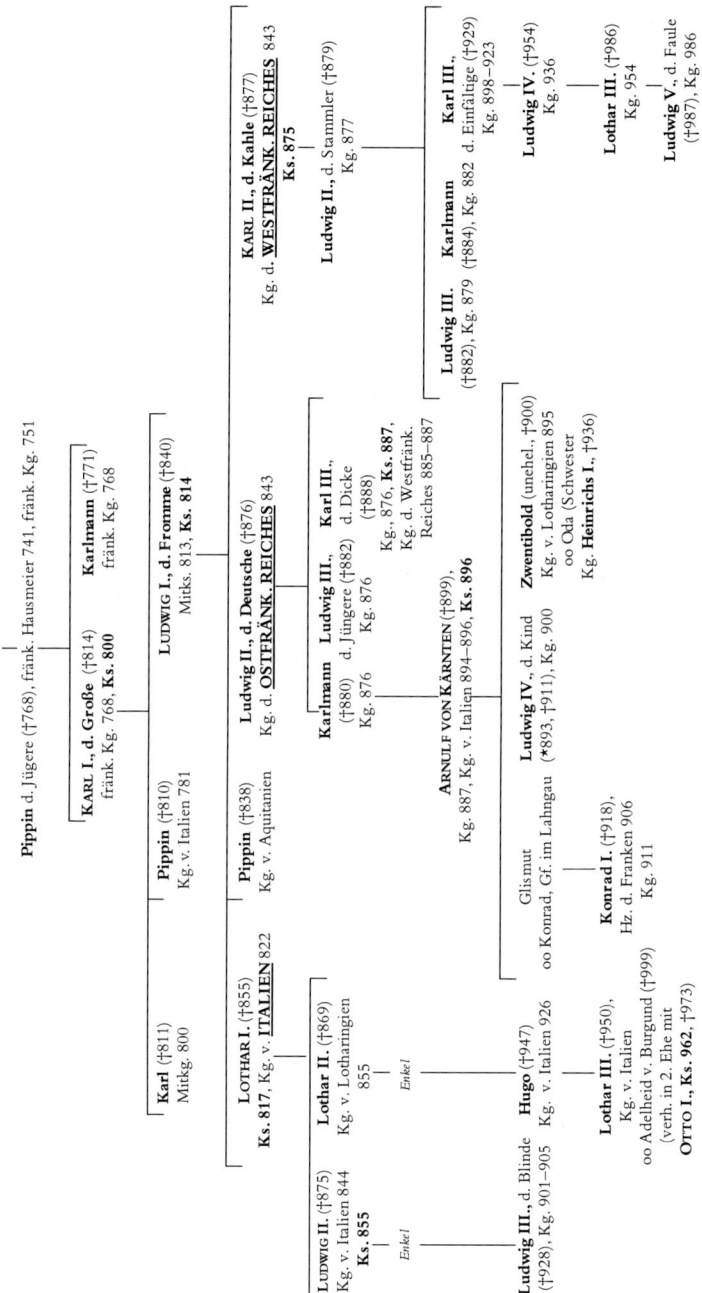

Weiterführende Literatur

(aufgeführt in der Reihenfolge, in der die Themen im Laufe des Buches behandelt werden)

I Die Grundstrukturen des Lebens im Mittelalter

Horst Fuhrmann, Einladung ins Mittelalter, 5. Aufl. München 1997.

Arno Borst, Lebensformen im Mittelalter, 4. Aufl. Frankfurt am Main-Berlin 1987.

Hans-Werner Goetz, Leben im Mittelalter vom 7. bis zum 13. Jahrhundert, 5. Aufl. München 1994.

Hans K. Schulze, Grundstrukturen der Verfassung im Mittelalter, 3 Bde., Bd. 1: Stammesverband, Gefolgschaft, Lehnswesen, Grundherrschaft, 4. Aufl. Stuttgart 2004; Bd. 2: Familie, Sippe und Geschlecht, Haus und Hof, Dorf und Mark, Burg, Pfalz und Königshof, Stadt, 3. Aufl. Stuttgart-Berlin-Köln 2000; Bd. 3: Kaiser und Reich, Stuttgart-Berlin-Köln 1998.

Siegfried Epperlein, Bäuerliches Leben im Mittelalter. Schriftquellen und Bildzeugnisse, Köln 2003.

Ludolf Kuchenbuch, Grundherrschaft im früheren Mittelalter (Historisches Seminar 1), Idstein 1991.

Bernhard Schimmelpfennig, Das Papsttum. Von der Antike bis zur Renaissance, 4. Aufl. Darmstadt 1996.

Hartmut Boockmann, Die Stadt im späten Mittelalter, 3. Aufl. München 1994.

Josef Fleckenstein, Rittertum und ritterliche Welt, Berlin 2002.

Andreas Schlunk/Robert Giersch, Die Ritter. Geschichte-Kultur-Alltagsleben, Stuttgart 2003.

Martin Kintzinger, Wissen wird Macht. Bildung im Mittelalter, Ostfildern 2003.

Franz Irsigler/Arnold Lasotta, Bettler und Gaukler, Dirnen und Henker. Außenseiter in einer spätmittelalterlichen Stadt. Köln 1300–1600, München 1993.

Ernst Schubert, Fahrendes Volk im Mittelalter, Darmstadt 1995.

Europas Juden im Mittelalter, hg. v. Historischen Museum der Pfalz in Speyer, Speyer 2004 [Ausstellungskatalog].

II Das europäische Frühmittelalter in seiner Gesamtheit

Arnold Angenendt, Das Frühmittelalter. Die abendländische Christenheit von 400 bis 900, Stuttgart-Berlin-Köln 1990.

Michael Borgolte, Christen, Juden, Muselmanen, Die Erben der Antike und der Aufstieg des Abendlandes 300 bis 1400 n. Chr. (Siedler Geschichte Europas), München 2006.

Hans-Werner Goetz, Europa im frühen Mittelalter 500–1050 (Handbuch der Geschichte Europas 2), Stuttgart 2003.

III Völkerwanderung

Walter Pohl, Die Völkerwanderung. Eroberung und Integration, 2. Aufl. Stuttgart 2005.

Herwig Wolfram, Die Goten. Von den Anfängen bis zur Mitte des sechsten Jahrhunderts. Entwurf einer historischen Ethnographie, 3. neubearb. Aufl. München 1990.

Ders., Die Goten und ihre Geschichte, München 2001.

Wolfgang Giese, Die Goten, Stuttgart 2004.

Gerhard Wirth, Attila. Das Hunnenreich und Europa, Stuttgart 1999.

Hans-Joachim Diesner, Das Vandalenreich. Aufstieg und Untergang, Stuttgart 1966.

Helmut Castritius, Die Vandalen, Stuttgart 2007.

Dieter Geuenich, Geschichte der Alemannen, 2. Aufl. Stuttgart 2005.

Reinhold Kaiser, Die Burgunder, Stuttgart 2004.

Patrick Wormald, Die frühesten englischen Könige von den Anfängen bis 1066, in: Die englischen Könige im Mittelalter. Von Wilhelm dem Eroberer bis Richard III., hg. v. Natalie Fryde u. Hanna Vollrath, München 2004, S. 11–40.

Karin Priester, Geschichte der Langobarden – Gesellschaft – Kultur – Alltagsleben, Stuttgart 2004.

IV Das Frankenreich

Patrick Geary, Die Merowinger. Europa vor Karl dem Großen, München 1996 (dt. Übers.).

MARTINA HARTMANN, Aufbruch ins Mittelalter. Die Zeit der Merowinger, Darmstadt 2003.

HANS K. SCHULZE, Vom Reich der Franken zum Land der Deutschen. Merowinger und Karolinger (Das Reich und die Deutschen), 2. Aufl. Berlin 1993.

RUDOLF SCHIEFFER, Die Karolinger, 2. Aufl. Stuttgart-Berlin-Köln 1997.

PETER CLASSEN, Karl der Große, das Papsttum und Byzanz. Die Begründung des karolingischen Kaisertums, hg. v. Horst Fuhrmann u. Claudia Märtl (Beiträge zur Geschichte und Quellenkunde des Mittelalters 9), 2. Aufl. Sigmaringen 1988.

Quellenverzeichnis

S. 17 oben: Aus: Ludolf Kuchenbuch, Die Grundherrschaft im früheren Mittelalter (Historisches Seminar 1), Idstein 1991, S. 114.

S. 17 unten: Aus: Die Reichsannalen (Annales regni Francorum), in: Quellen zur karolingischen Reichsgeschichte. Erster Teil, hg. v. Reinhold Rau (Ausgewählte Quellen zur deutschen Geschichte des Mittelalters – Freiherr vom Stein-Gedächtnisausgabe 5), Darmstadt 1955, S. 125, S. 137.

S. 23: Aus: Die Regel des St. Benedikts, übers. v. P. Basilius Steidle, Beuron 1952, S. 53–55.

S. 27: Aus: Georges Duby, Der heilige Bernhard und die Kunst der Zisterzienser. Aus dem Französischen von Maria Heurtaux, Frankfurt am Main 1991, S. 58.

S. 39: Aus: Lampert von Hersfeld, Annalen, neu übers. v. Adolf Schmidt, erläutert v. Wolfgang Dietrich Fritz (Ausgewählte Quellen zur deutschen Geschichte des Mittelalters – Freiherr vom Stein-Gedächtnisausgabe 13), 3. Aufl. Darmstadt 1957, S. 241 f.

S. 63: Aus: Jordanis Gotengeschichte nebst Auszügen aus seiner Römischen Geschichte, übers. v. Wilhelm Martens, hg. v. Alexander Heine, Essen und Stuttgart 1985, S. 26 f.

S. 77: Aus: Prokop, Gotenkriege, hg. v. Otto Veh, 2. Aufl. München 1978, S. 965–967.

S. 85: Aus: Beda der Ehrwürdige: Kirchengeschichte des englischen Volkes, hg. v. Günter Spitzbart, 2. Aufl. Darmstadt 1997, S. 59–61.

S. 95 oben: Aus: Gregors von Tours, Historiarum Libri Decem, bearb. v. Rudolf Buchner (Ausgewählte Quellen zur deutschen Geschichte des Mittelalters – Freiherr vom Stein-Gedächtnisausgabe 2), Darmstadt 1970, S. 117–119.

S. 95 unten: Aus: Einhardi Vita Karoli Magni, in: Quellen zur karolingischen Reichsgeschichte, Erster Teil, bearb. v. Reinhold Rau, (Ausgewählte Quellen zur Deutschen Geschichte des Mittelalters – Freiherr vom Stein-Gedächtnisausgabe 5), Darmstadt 1962, S. 157–214, hier S. 167–169.

S. 99: Aus: Kirchen- und Theologiegeschichte in Quellen 2: Mittelalter. Ausgewählt und kommentiert von Reinhold Mokrosch u. Herbert Walz, 3. Aufl. 1989, S. 29.

S. 107: Der Bericht der Reichsannalen, aus: Annales regni Francorum, bearb. v. Reinhold Rau, (Ausgewählte Quellen zur deutschen Geschichte des Mittelalters – Freiherr vom Stein-Gedächtnisausgabe 5), Darmstadt 1962, S. 10–155, hier S. 75.

Der Bericht des Liber pontificalis, aus: Mittelalter. Reich und Kirche, bearb. v. Wolfgang Lautemann (Geschichte in Quellen), 2. Aufl. München 1978, S. 70f.

Der Bericht Einhards, aus: Einhardi Vita Karoli Magni, in: Quellen zur karolingischen Reichsgeschichte, Erster Teil, bearb. v. Reinhold Rau (Ausgewählte Quellen zur Deutschen Geschichte des Mittelalters – Freiherr vom Stein-Gedächtnisausgabe 5), Darmstadt 1962, S. 157–214, hier S. 199–201.

Die sog. Kölner Notiz, aus: Bruno Krusch, Studien zur christlich-mittelalterlichen Chronologie. Der 84jährige Osterzyklus und seine Quelle, Leipzig 1880, S. 197 (Übersetzung nach Johannes Fried).

Zeittafel

238	Das Volk der Goten überfällt römische Provinzen südlich der Donau. Es ist damit zum ersten Mal historisch belegt.
291	Die westlichen, am Karpatenbogen lebenden Goten sind zum ersten Mal mit dem Namen „Terwingen" bezeugt; die weiter östlich davon lebenden Goten bezeichnet man als Greutungen oder Ostrogothen.
375	Das innerasiatische Reitervolk der Hunnen fällt in die Gebiete nördlich des Schwarzen Meeres ein. Die dort ansässigen Greutungen oder Ostrogothen geraten unter hunnische Oberherrschaft, die am Karpatenbogen lebenden Terwingen (Westgoten) werden in ihrer Mehrzahl nach Süden gedrängt.
376	Die Westgoten überschreiten die Donau und finden Aufnahme im römischen Reich; bald darauf jedoch kommt es aufgrund von Versorgungsschwierigkeiten zu einem Aufstand der Goten.
378	Die Westgoten unter ihrem Anführer Fritigern besiegen den römischen Kaiser Valens in der Schlacht von Adrianopel. Valens fällt in der Schlacht.
382	Der römische Kaiser Theodosius siedelt die Goten Fritigerns als Föderaten auf römischem Staatsgebiet an (im Gebiet des heutigen Bulgarien).
391	Unter Kaiser Theodosius wird das Christentum im römischen Reich offiziell zur Staatsreligion erhoben.
395	Kaiser Theodosius, der noch im selben Jahr stirbt, teilt das römische Reich in ein West- und in ein Ostreich. Honorius wird Kaiser im Westen, Arcadius Kaiser im Osten. Über den minderjährigen Honorius übt der Heermeister Stilicho, der Sohn eines Vandalen und einer Römerin, die Vormundschaft aus.

395	Nach dem Tod Theodosius' beginnen sich die Westgoten unter ihrem neuen Anführer, König Alarich, um neue Siedlungsgebiete zu bemühen; sie durchziehen daraufhin den südosteuropäischen Raum in Richtung Italien.
410	Die Westgoten unter Alarich erobern und plündern Rom; das Ereignis wirkt wie ein Schock auf die Zeitgenossen („Was bleibt heil, wenn Rom fällt?").
418	Die Westgoten errichten auf dem Boden des römischen Reiches eine eigene Herrschaft, das sog. Tolosanische Reich.
400–600 ca.	Nach dem Ende der römischen Herrschaft in Britannien nehmen die Völker der Angeln, Sachsen und Jüten die Insel in ihren Besitz.
429	Die Vandalen überqueren die Straße von Gibraltar und erobern binnen kurzem den gesamten nordafrikanischen Küstenstreifen bis ins Gebiet des heutigen Tunesien.
436	Der römische Feldherr Aëtius zerschlägt gemeinsam mit den Hunnen das Burgunderreich am Mittelrhein (mit Zentren im Raum von Mainz und Worms). Die Burgunder werden daraufhin um den Genfer See herum angesiedelt; hier bilden sie ein neues Reich.
451	In der Schlacht auf den Katalaunischen Feldern (in der Nähe der heutigen französischen Stadt Troyes) wird der Vormarsch der Hunnen nach Westen durch ein Heer, das vom römischen Heermeister Aëtius angeführt wird, aufgehalten.
455	Die Vandalen unter ihrem Anführer Geiserich erobern und plündern Rom.
476	Der letzte weströmische Kaiser Romulus Augustulus wird durch den Skiren Odoaker abgesetzt.
486	Der fränkische König Chlodwig zerschlägt in Nordgallien das Römerreich des Syagrius; eine entscheidende Konsolidierungs- und Aufstiegsphase der fränkischen Herrschaft beginnt damit.

488	Der römische Kaiser Zenon beauftragt den Ostgoten Theoderich (den Großen), Odoaker die Herrschaft über Italien zu entreißen. Das Heer Theoderichs bricht daraufhin noch im selben Jahr nach Italien auf.
493	Nach der Schlacht um Ravenna ermordet Theoderich eigenhändig Odoaker; er gewinnt somit die ungeteilte Herrschaft über Italien. Das hiermit errichtete Ostgotenreich in Italien besteht bis 552.
496	Chlodwig siegt über die Alemannen.
498	Chlodwig lässt sich in Reims christlich taufen.
507	In der Schlacht von Vouillé unterliegt der Westgotenkönig Alarich II. dem Frankenkönig Chlodwig. Nahezu das gesamte Westgotenreich fällt in die Hände der Franken. Zum neuen Zentrum des Westgotenreichs bildet sich im Laufe des 6. Jh. Toledo heraus („Toledanisches Reich").
511	Chlodwig stirbt; nach seinem Tod zerfällt das Reich unter seine Söhne, jedoch bleibt die nominelle Einheit der fränkischen Herrschaft gewahrt und der Aufstieg setzt sich fort.
526	Theoderich der Große stirbt; er wird in Ravenna bestattet.
531	Das mächtige Thüringerreich erleidet in einer nicht mehr genau zu lokalisierenden Entscheidungsschlacht gegen die Franken eine Niederlage; der thüringische König Herminafried wird anschließend auf fränkisches Gebiet gelockt und hier ermordet.
534	Das Vandalenreich in Nordafrika wird von Belisar, einem Feldherrn des oströmischen Kaisers Justinian, zerstört.
534	Das Burgunderreich wird vom Frankenreich erobert und in den fränkischen Staatsverband eingefügt.
552	Auf der Hochebene der Busta Gallorum kommt es zur Schlacht zwischen Totila, dem Herrscher des italienischen Ostgotenreichs, und Narses, dem Feldherrn Justinians. Totila verliert Schlacht und Leben.

552	Unter Teja wird der (praktisch schon verlorene) Kampf um die Verteidigung des Ostgotenreichs in Italien fortgesetzt. Teja fällt in der Schlacht am Vesuv, das Ostgotenreich in Italien geht unter.
568	Das germanische Volk der Langobarden fällt unter seinem Anführer Alboin in Italien ein und nimmt dort vor allem den Norden und die Mitte der Halbinsel in seinen Besitz.
622	Der Prophet Mohammed, der Gründer des Islam, flieht von Mekka nach Medina (Hedschra).
633	Nach Mohammeds Tod beginnt unter seinen Nachfolgern, den Kalifen, eine ungeheure Expansionsbewegung des Islam, die schließlich auch Teile Europas erfasst (Iberische Halbinsel).
687	Der Hausmeier von Austrien, Pippin der Mittlere, siegt in der Schlacht von Tertry über das Heer von Neustrien.
711	Die Araber überqueren die Straße von Gibraltar und beginnen mit der Eroberung der Iberischen Halbinsel. Bis auf wenige Regionen im gebirgigen Norden und in den Pyrenäen geht die westgotische Herrschaft unter.
732	Der fränkische Hausmeier Karl Martell stoppt den Vormarsch der Araber in der Schlacht von Tours und Poitiers.
751	Der fränkische Hausmeier Pippin setzt Childerich III., den letzten fränkischen König aus der Dynastie der Merowinger, ab und lässt sich selbst zum König salben. Der Papst billigt diesen Schritt, da er selbst zu dieser Zeit von den Langobarden bedroht ist und von Pippin Hilfe erwartet.
754	Winfried-Bonifatius, ein Germanen-Missionar aus England, wird bei der Friesenmission erschlagen.
756	Der fränkische König Pippin schenkt dem Papst die Gebiete in Italien, die er 754 und 756 den Langobarden entrissen hat („Pippinische Schenkung").
750–800 ca.	In Rom entsteht die Konstantinische Schenkung, eine gefälschte Urkunde, die Kaiser Konstantin den Großen (306–337) als Aussteller und Papst Silvester I. als Empfänger nennt. Die Urkunde besagt, dass Konstantin dem Papst die

Vorherrschaft über Rom, den Westen und das Abendland überlassen haben soll; erst im 15. Jh. wird die Unechtheit der Urkunde endgültig erwiesen.

768 Nach dem Tod von König Pippin treten seine Söhne Karl (der Große) und Karlmann die Nachfolge an. Karlmann stirbt bereits 771, Karl ist daraufhin alleiniger Herrscher.

774 Karl der Große erobert das Langobardenreich und nimmt den Titel „König der Franken und der Langobarden und Schutzherr der Römer" an.

793 Norwegische Wikinger überfallen die wegen ihrer Kulturschätze bedeutende Abtei Lindisfarne vor der Nordostküste Englands. Das Ereignis bildet den Auftakt der Wikingerzeit. Über ein Jahrhundert lang werden vor allem die Küstengebiete Europas immer wieder von den Wikingern bedroht, viele Siedlungen und Städte angegriffen und zerstört.

800 Karl der Große wird in der römischen Peterskirche zum Kaiser gekrönt (25. Dezember).

812 Im Frieden von Aachen zwischen dem Fränkischen Reich und Byzanz erkennt Karl der Große Venedig als einen Teil des byzantinischen Reiches an.

814 Kaiser Karl der Große stirbt (28. Januar); er wird in Aachen bestattet. Karls Sohn Ludwig der Fromme folgt ihm nach.

841 In der Schlacht von Fontenoy (in der Nähe von Auxerre) besiegen Ludwig der Deutsche und Karl der Kahle ihren Bruder Lothar.

842 In Straßburg treffen sich Ludwig der Deutsche und Karl der Kahle und erneuern ihr gegen Lothar gerichtetes Bündnis. Vor ihren dort versammelten Heeren legen sie Eide ab, die zum gegenseitigen Verständnis in Althochdeutsch und in Altfranzösisch ausgesprochen werden („Straßburger Eide").

843 Durch den Vertrag von Verdun wird das Frankenreich in ein West-, ein Ost- und ein Mittelreich aufgeteilt (Westreich: Karl der Kahle; Mittelreich: Lothar I.; Ostreich: Ludwig der Deutsche).

870	Durch den Vertrag von Meersen wird das Mittelreich zwischen dem West- und dem Ostfrankenreich aufgeteilt (bis auf Italien).
885–887	Unter Karl III. dem Dicken wird die Einheit des Frankenreiches noch einmal für kurze Zeit wiederhergestellt. 887 jedoch wird Karl III. im Ostreich wegen Regierungsunfähigkeit abgesetzt, neuer Herrscher dort ist Arnulf von Kärnten.
880	Durch den Vertrag von Ribemont erwirbt das Ostreich, bis auf Italien, sämtliche Gebiete des ehemaligen Mittelreichs.
899	Nach dem Tod Arnulfs von Kärnten in Regensburg wird sein minderjähriger Sohn Ludwig (das Kind) in Forchheim zum Nachfolger gekrönt (900) und der Vormundschaft Erzbischof Hattos von Mainz unterstellt.
911	Mit Ludwig dem Kind stirbt der letzte ostfränkische Karolinger.